böhlauWien

Gerald Hubmayr

Schwarz fahren

Die Kunst des tariffreien Netzgleitens

Mit einem Vorwort von Roland Girtler

Böhlau Verlag Wien · Köln · Weimar

Die Deutsche Bibliothek – CIP-Einheitsaufnahme
Ein Titeldatensatz für diese Publikation ist bei
Der Deutschen Bibliothek erhältlich

ISBN 3-205-99187-7

Umschlaggestaltung: Andreas Burghardt

Karikatur: Waltraud Lang

© 2000 by Böhlau Verlag Ges. m. b. H und Co. KG, Wien · Köln · Weimar

Gedruckt auf umweltfreundlichem, chlor- und säurefreiem Papier

Druck: Kossuth, H-1106 Budapest

Danksagung

Folgenden Personen möchte ich für ihre Bemühungen um das Zustandekommen des vorliegenden Bandes herzlich danken:

Univ. Prof. Dr. Roland Girtler, der als geistiger Ziehvater, Freund und Mentor mit Geist und Witz zahllose Impulse für die Erforschung dieser schillernden Gruppe gab.

Univ. Prof. Dr. Rudolf Richter, der mir mit Rat und Tat beistand und dem eine maßgebliche Rolle an der Entstehung dieses Bandes zukommt.

Mag. Helga Patscheider, Vordenkerin und geistige Wegbereiterin in die komplexe Materie der Zwickverächtung. Sie wies mir den Pfad in die schillernde Welt des Nichtzwickens, vermutlich ohne ihn jemals selbst beschritten zu haben. Ihre glanzvollen Ideen und Visionen durchdringen die Schrift.

Den Wiener Linien, insbesondere dem Leiter der Betriebsüberwachung, für ihre Zustimmungsbereitschaft, ihr Verständnis und ihren Großmut. Auch den beiden frohgemuten Organen Manfred P. und Andreas L., welche mir einen gelungenen Einblick ins Kontrolldasein ermöglichten, sei gedankt.

Last not least allen Interviewpartnern, allen voran Oswald P., Traudi K. und Claudia S., die zum Gelingen dieser Studie unabdingbar waren, und zur Buntheit wesentlich beigetragen haben.

Vorwort

Seit jeher gilt mein vorrangiges Interesse jenen Menschen, die am Rande der „guten Gesellschaft" zu überleben wissen. Zu diesen Leuten zählen auch Schwarzfahrer, die aus Abenteuerlust, aus Freude am Rebellentum oder bloß aus Sparsamkeit in den öffentlichen Verkehrsmitteln unterwegs sind, ohne dafür eine Berechtigung, zum Beispiel in Form einer Fahrkarte, zu besitzen.

Um Mißverständnissen vorzubeugen sei vorab jedoch festgehalten, daß ich selbst nicht zu jenen Zeitgenossen gehöre, die Freude am Schwarzfahren haben: schließlich bin ich Besitzer einer Jahresnetzkarte, die ich allerdings kaum benötige, da ich mich als leidenschaftlicher Radfahrer nur in Ausnahmefällen dem sicherlich angenehmen Transport durch Bus, Straßenbahn oder U-Bahn aussetze. Ich betrachte die Bezahlung meiner Netzkarte eher als eine selbstlose Förderung der Gemeinde Wien durch mich.

Dennoch war es für mich immer höchst anregend, mich mit dem Autor Gerald Hubmayr, der mir aus vielen Jahren universitären Lebens vertraut ist, über seine Forschungsarbeit zu unterhalten, erfuhr ich doch dabei, daß sich seine Recherchen zu diesem Buch mitunter recht schwierig gestalteten: echte Schwarzfahrer aufzuspüren, sie bei ihrem verbotenen Tun zu beobachten und eventuell in ein Gespräch zu verwickeln, war oft mit erheblichen Mühen verknüpft.

Dem Autor ist meines Erachtens nach eine beispielgebende Darstellung gelungen, gerade im Sinne der von mir vertretenen „qualitativen Sozialforschung", der der direkte Kontakt zu den handelnden Personen wichtig ist. Diese Art von Forschung arbeitet nicht mit Fragebögen, sondern versucht vor allem herauszufinden, wie die betreffenden Menschen – im vorliegenden Fall also die Schwarzfahrer – ihr Handeln einrichten und wie sie mit der ihnen oft feindlich gesinnten Umwelt fertig werden. Eine solche Forschung ist ein oft hartes Unterfangen. In den von mir erarbeiteten „10 Geboten der Feldforschung" (siehe z. B. in: R. Girtler, Rotwelsch. Die alte Sprache der Gauner, Diebe und Vagabunden, Böhlau 1998) sind es wohl die beiden letzten Gebote, an denen sich der Autor besonders orientiert haben dürfte.

Das 9. Gebot – Gebot meine ich hier im Sinne von Empfehlung – bezieht sich darauf, daß der Forscher sich nicht als Sozialarbeiter oder gar als Richter aufspielen solle, sondern lediglich Zeuge menschlichen Tuns zu sein habe. Vor dem Hintergrund dieses Gebotes ist auch die Forschung Gerald Hubmayrs zu sehen, da er es unterließ, das Schwarzfahren moralisch zu bewerten. Und das 10. Gebot besagt, der wahre Forscher brauche eine gute Konstitution, kann doch Forschen manchmal sehr anstrengend sein. Der Autor jedenfalls scheint eine gute Konstitution bewiesen zu haben, wenn er bis spät in die Nacht hinein auf verschiedenen Straßenbahnlinien unterwegs war oder sich eilenden Schrittes einem Kontrollor an die Fersen heftete.

Im Sinne dieser Art der Feldforschung ist es dem Autor gelungen, seine Beobachtungen und Gespräche spannend darzustellen und den Leser mehr als einmal zum Schmunzeln anzuregen. Keinesfalls jedoch will dieses Buch, wie man vielleicht meinen könnte, den Leser zum Schwarzfahren anregen. Auch will es keine gängigen „Ausreden" anbieten, die die Kontrollore vor einer Anzeige wegen Schwarzfahrens abhalten sollen. Dies tun schon die Wiener Linien selbst auf zahlreichen Plakaten. In diesem Sinne wünsche ich dem Buch geneigte Leser.

Univ. Prof. Dr. Roland Girtler
Wien, im Januar 2000

Inhalt

Der Kontrollor

Der Schwarzfahrer

Zum Geleit

„Bitte beachten Sie, daß die Benutzung eines öffentlichen Verkehrsmittels nur mit einem gültigen Fahrausweis gestattet ist", krächzt es aus den Lautsprechern der Transportgesellschaft. Ungeachtet dessen schwört eine immer größer werdende Zahl von Fahrgästen auf die preisgünstigste Form des Fortkommens im innerstädtischen Bereich: das Schwarzfahren. Gibt es irgend jemanden, der nicht schon einmal der Verlockung erlegen ist, sich freudestrahlend einen Lausbubentraum zu erfüllen und die ganze herrliche Donaumetropole – vom lieblichen Ottakring bis nach Wien-Zweiundzwanzig – zu durchkreuzen, ohne zu zwicken?

Im vorliegenden Buch soll der Versuch unternommen werden, das Phänomen „Schwarzfahrt" aus drei unterschiedlichen Sichtweisen darzulegen. Der Blickwinkel der Transportgesellschaft soll ebenso eingenommen werden wie der des Kontrollorgans und schließlich der des Fahrscheinverschmähers selbst – Stein des Anstoßes. Untersucht werden lediglich blinde Passagiere im öffentlichen Nahverkehr. Schwarzfahrten in Pappomobilen, Rikschas und Fiakern[1] werden nicht berücksichtigt, da sie nach einem anderen Strickmuster verlaufen.

Die eingehende Betrachtung der Fußnoten kann wärmstens empfohlen werden, wo nebst einer Vertiefung des Stoffes auch wertvolle Hintergrundinformationen lauern. Hier werden bereits Fragen beantwortet, die sich noch gar nicht gestellt haben.

---

1   Eine gewisse geistige Verwandtschaft mit Schnellbussen besteht zweifelsohne, da sie gnadenlos in einem Höllentempo durch die Straßen jagen.

Vorgangsweise

Das Buch befaßt sich mit drei Gruppen, die als alteingesessene Gegenspieler zu bezeichnen sind. Es ist in drei Abschnitte gegliedert, welche die gänzlich unterschiedlichen Standpunkte, Denkungsweisen und Lehren erhellen sollen. Einerseits werden die Gegensätzlichkeit der Welten, andererseits ihre Berührungspunkte eingehend geschildert.

Abgesehen davon, daß quantitative Erhebungen mit Fragebogen im untersuchten Fall gar nicht möglich gewesen wären, da es keine Adressenregister gibt, um auf Hunderte von Schwarzfahrern zu stoßen[2], wäre diese Vorgangsweise auch methodisch nicht sehr zielführend. Eine Unzulänglichkeit letztgenannter Methode besteht darin, daß keine Offenheit für Neues besteht und daß vorgefaßte Meinungen den Untersuchten aufgezwängt werden. Anders verhält es sich bei der qualitativen Sozialforschung, wo schrittweise eine Annäherung an die zu untersuchende Gruppe erfolgt und damit der Forscher eine ständige Korrektur seiner Sichtweise vornehmen kann. Als eigentliche Forschungsmethode gelangt die teilnehmende Beobachtung in Verbindung mit dem ero-epischen Gespräch zur Anwendung. Die Bezeichnung ero-episch setzt sich zusammen aus dem griechischen „Erotema" (fragen, nachforschen) und „Epos" (Erzählung, Nachricht, Kunde). Der Begriff ero-episches Gespräch in der Tradition von Homer soll darauf verweisen, daß Frage und Erzählung kunstvoll miteinander im Gespräch verwoben werden sollen (vgl. Girtler 1995, 219). Indem der Forscher aktiv mit der Gruppe mitlebt, ist es ihm möglich, ihre Sinngebung zu erklären und zu verstehen.

Einen wichtigen Hinweis über das zielführendste Vorgehen erhalten wir von der Soziologin Helga Patscheider: „Das ‚Verstehen' kann nur durch das Hineinversetzen in die betreffende Kultur gelingen –

---

2 Ein Forscher, der frisch-fröhlich in die U-Bahn steigt, die Anwesenden mustert und lauthals ruft: „Hallo, wer bitte fährt hier schwarz?", wird eher in Steinhof landen, als daß ihm 3,51 Prozent der Fahrgäste mit einem verständnisvollen „Wir" antworten.

nicht nur im geistigen, sondern auch im wörtlichen Sinne: sich ,hineinzusetzen' in die Kultur, in das Leben, das in der Kultur stattfindet" (Patscheider in Girtler 1997, 21). In unserem Falle in die Straßenbahnen und Omnibusse. Im Rahmen dieses Buches werden dreizehn überaus ausführliche ero-epische Gespräche mit blinden Passagieren geführt, zwei mit Kontrolloren sowie eines mit dem obersten Leiter der Kontrollbehörde in Wien, Hannes Deutsch. Nach erster telefonischer Tuchfühlung gibt er mir seine Zustimmung zu einem Treffen.

Hannes Deutsch, der ein mächtiges Kontrollimperium sein eigen nennt, ist Gebieter über sämtliche Kontrollorgane Wiens; seine Streitkräfte werden auf 116 Mann und drei Frauen geschätzt. Aufgrund der von ihm neu entwickelten Methoden hat er mittlerweile im deutschsprachigen Raum Kultstatus erlangt. Die Deutschen nennen ihn ehrfurchtsvoll den größten lebenden Kontrollgeist (nach Werner Heinze, der nicht überboten werden kann). Seine Lehren sind konfuzianischer als die des Konfuzius. Seine Kontrollanweisungen lesen sich wie Bestseller.

Trotz seiner Größe hat er sich eine natürliche Bescheidenheit bewahrt. Es wird mir gewährt, mit ihm zusammenzutreffen. Nach einem hochinteressanten Interview mit ihm, gibt er mir das Plazet für ein einwöchiges Mitgehen mit zwei Kontrollorganen. Ich wandle mit ihnen durchs Netz. Als Herr Kontrollor bin ich Abschaum für die Nichtzwicker, aber auch Schwarm der Pensionisten. Da sich das Handeln der Kontrollorgane in meinem Beisein von dem in freier Wildbahn womöglich heftig unterscheidet, versuche ich, anderen Organen mit *verdeckter Beobachtung* auf den Puls zu fühlen. Bei dieser Vorgangsweise gibt sich der Forscher nicht als solcher zu erkennen, um eine mögliche Verfälschung der Situation zu verhindern (vgl. Lamnek 1993, 251). Nach dem Vorbild der Organisation „Bürger beobachten die Polizei" streife ich vier Monate lang durch die Stadt, um das Handeln der Kontrollorgane in Augenschein zu nehmen.

Bereits das Auffinden von Fahrscheinprüfern ist jedoch mit beträchtlichen Schwierigkeiten verbunden, da sie sich kaum von ihrer natürlichen Umwelt abheben. Ich irre munter durchs Netz. Dann, wenn man sie nicht braucht, stehen sie mit großer Sicherheit plötzlich da und grinsen schäbig. Als ich am siebten Tage der Suche endlich am fernen Horizont einen Prüfer gewahre, entschwindet er urplötzlich hinter einer U-Bahn-Säule.[3]

Letztlich gelingt es mir jedoch, auf ein paar Exemplare dieser gar seltenen Spezies zu stoßen, und ich beginne ihr Tun zu studieren. Da bei den Kontrollen ohnehin jeder glotzt, fällt ein zusätzlicher Glotzer nicht groß auf. Als teilnehmender Beobachter nehme ich auch an einer lose zusammengebundenen Gruppe von blinden Passagieren teil. Ein Teil der Interviews wird mit ihnen geführt, um jedoch eine Ausgewogenheit zu erreichen, bin ich bestrebt, auch andere Schwarzfahrer am freien Markt zu ergattern. Zu diesem Zweck versuche ich jene, die gerade ertappt worden sind, in ein Gespräch zu verwickeln. Um auch zu Interviews mit ihnen zu kommen, sollte ich fortan jede freie Minute im öffentlichen Verkehrsnetz verbringen. Diese Tätigkeit beginnt mir ans Herz zu wachsen. So manche U-Bahnstation sehe ich öfters als meine eigene Hütte. Ein kleines Problem erwächst jedoch daraus, daß wirklich gute Nichtzwicker fast niemals erwischt werden.

Da ich jeden Tag zumindest acht Stunden in den U-Bahnen verbringe, treffe ich meine sämtlichen Freunde und Bekannten mindestens dreimal täglich, die sich mit Befremden die Frage stellen, was ich eigentlich mache. Desgleichen Studienkolleginnen und sämtliches weibliches Verkaufspersonal meiner gesamten Umgebung, auf welche die zufällige Häufung des Zusammentreffens als Erklärung zunehmend unplausibel wirkt. Die Schwere eines Novembertages lastet auf den U-Bahnen, als ein Zwanzigjähriger von einem Kappler erwischt wird. Eine Welt stürzt für ihn zusammen, kreidebleich lehnt er an der Wand; wahrscheinlich ist er gestern bereits zweimal ertappt worden, das Leben – ein Jammertal! Zur Einleitung eines möglichen Interviews frage ich ihn, ob er habe zahlen müssen, er antwortet mit einem leisen

---

3 Ein Abstieg ins finstere Kanalnetz? Anwander zufolge trieb noch um die Jahrhundertwende manch lichtscheues Gesindel darin sein Unwesen (vgl. Anwander 1993, 22). Erst mit dem ruhmreichen Einzug der Kanalsoziologie erscheint dieses dunkle Kapitel ein für allemal erloschen. Untrennbar verbunden damit ist Roland Loos, der in den einschlägigen Werken zu Beginn der 80er Jahre noch rühmlich unter der Ehrenbezeichnung „Vater der modernen Kanalsoziologie" geführt wird. Heute ist es still geworden um Roland Loos. Er fristet ein Dasein als Vergessener.

Ja und rückt von mir weg, vielleicht – so denkt er – bin ich ein Quell zusätzlichen Unglücks.

Belehrt durch diesen tristen Vorfall, löse ich daraufhin zwei Netzkarten, um beim Erwischtwerden eines Schwarzfahrers diesen mit den Worten: „Ah da bist du gewesen!" zu empfangen und den Kontrollor mit einem unschuldigen Grinsen darüber aufzuklären, daß dies mein Freund sei und ich für ihn die Karten habe. Diese Praxis zeitigt jedoch keine durchschlagenden Erfolge, so daß ich bald wieder davon abgehe. So treffe ich bei der Erstanwendung auf einen blinden Passagier, der meine zu ihm ausgestreckten helfenden Hände schlichtweg ignoriert, zumal die von ihm den Kontrolloren genannte Adresse augenscheinlich ohnehin nicht zutrifft und er keine schlafenden Hunde wecken will. Er nimmt den Zahlschein, dankt (freilich den Kontrolloren) und geht von dannen. Von den Kontrollorganen ihrerseits ernte ich heftigen Undank.

So belasse ich es beim alten und versuche mein Glück, bei einer Großaktion zu Interviews zu kommen. Am Reumannplatz frage ich höflich einen Chinesen nach einem Interview, der in mein sorgenzerfurchtes Antlitz blickt und nur ein leises, schüchternes „Nein, ich kann leider nicht" hervorstammelt. Vermutlich nimmt er an, daß ich ein Angehöriger eines Schlägersyndikates bin. Um eine MING I (Verfinsterung des Lichtes)[4] zu vermeiden, flüchtet er nach überwundener Gefahr in eine andere Richtung, der Schreck sitzt ihm noch tief in den Knochen.

Bei meinen nächsten Ansprechpartnern handelt es sich um drei Meidlinger Jugendliche, denen ich trotz erheblicher Bemühungen nicht vermitteln kann, was ich will. Der eine sieht mich an, als hätte ich gefragt, was er von freier Liebe halte, und ihn darum gebeten, mir seine Freundin zu überlassen; ein zweiter ist zwar bereit, mir Fragen zu beantworten, ist aber nicht erwischt worden. Der Boß schließlich wittert hereinbrechendes Unglück und zieht Leine. Schließlich gelingt es doch noch, zu ein paar aufsehenerregenden Interviews zu kommen. Die Befragungen selbst werden – der Jahreszeit entsprechend – entwe-

4   Vgl. Wilhelm, R., I Ging, Text und Materialien, aus dem Chinesischen übersetzt von Richard Wilhelm, München 1995, 140.

der in kühlen Gastgärten oder Aufwärmstuben durchgeführt. Es wird unschwer einleuchten, wenn im Text die Interviewpartner nicht mit Namen, Adresse und Telefonnummer, sondern lediglich mit der Abkürzung ihres Vornamens genannt werden.

Begriffsbestimmungen

Definitionen sind kleine Höhepunkte sozialwissenschaftlicher Abhandlungen. Wir haben diesem allgemeinen Trend Rechnung getragen und die bestehenden mit ein paar Zusätzen erweitert.

Schwarzfahrer

Darunter werden Personen verstanden, die bescheiden und sorgenfrei die öffentlichen Verkehrsmittel solchermaßen benützen, als bestünde allgemeine Freifahrt, wobei mit Hilfe kleiner Kunstgriffe die Beförderungsbedingungen eine großzügige Auslegung erfahren. Der Begriff *Schwarz* findet sich vorwiegend in Zusammenhang mit verpönten, verächtlichen Dingen, wie Schwarze Magie, Schwarzer Peter, schwarzes Schaf, Schwarze Witwe, aber auch schwarzer Humor, Schwarzmarkt, und hat eindeutig einen negativen Beigeschmack. Man muß davon ausgehen, daß eine Benennung auch eine Klassifikation darstellt, die betreffende Tätigkeit wird in eine Kategorie eingeordnet und bewertet. Die Benennung liefert somit „eine Richtlinie für das Handeln" (Strauss 1968, S. 20).

Da Werte nicht in den Objekten selbst, sondern in deren Bewertungen liegen, muß man seine eigenen Erfahrungen machen, um zu eigenen Bewertungen zu kommen. Von der Idee ist Schwarzfahren artverwandt mit dem Autostoppen, mit dem Unterschied, daß die Mitnahme durch die Transportgesellschaft nicht freiwillig erfolgt. Für den blinden Passagier hat dies die Vorteile, daß er nicht stundenlang im strömenden Regen ausharren muß oder gezwungen ist, mit jemandem mitzufahren, der mit 220 km/h über den Highway glüht, obgleich er erst vorgestern den Führerschein gemacht hat.[5] Weiters bietet die Schwarzfahrt den Vorzug einer einigermaßen gesicherten Ankunftszeit.

---

5 Noch schlimmer verhält es sich, wenn er gezwungen ist, mit einem Schleicher mitzufahren, der für zehn Kilometer so lange braucht, daß zwischenzeitlich im hinteren Teil des Wagens ein Spinnennetz entsteht.

In den Tiefen seines Seins ist der blinde Passagier ein edelmütiges, leidgeprüftes, gottesfürchtiges Wesen mit lediglich leichten Auffassungsunterschieden über das Zwickverhalten. Eine sehr knappe Definition findet sich im Meyers-Lexikon, die völlig ohne Tändelei ihr Auslangen findet: Unter Schwarzfahrern werden Personen verstanden, „die ein öffentliches Verkehrsmittel ohne Entrichtung des Beförderungsentgelts benutzen" (Meyers 1997, 365).

Non-Weiß-Non-Schwarzfahrer

In der einschlägigen Literatur werden sie als Graufahrer bezeichnet (vgl. Heinze 1975, 2). Darunter werden Verkehrsteilnehmer verstanden, die zu den bestehenden Verbilligungen eigene kleine Privatermäßigungen hinzufügen und sich mit weitgehend ungültigen Fahrausweisen durchs Netz schlagen. In diese Kategorie fallen beispielsweise Menschen, die einen Kurzstreckenfahrschein als Jahreskarte verwenden oder eine Oftbestempelung vornehmen. (Vergleiche den ausführlichen Methodenteil am Ende.) Sind nach diesen Definitionen Graufahrer Personen, die nur einen Teil des Fahrpreises an die Wiener Linien entrichten, so sind Schwarzfahrer nach den ersten bezahlten Mehrgebühren eigentlich Graufahrer auf Lebenszeit.[6] Wir wollen jene Gruppe, die häufiger als einmal pro Monat Mehrgebühren zahlt, zu den Monatskartenbesitzern zählen, auch wenn sie de iure in dieser Zeit keinen Anspruch darauf haben.

Schwarzsteher

Dies sind Personen, die sich zum falschen Zeitpunkt am falschen Platz befinden. Benutzt beispielsweise Tante Cäcilie den U-Bahn-Durchgang vom Karlsplatz, um von einem zu einem anderen Ausgang zu gelangen, ohne dafür einen Fahrschein zu erwerben, kann sie für diese sträfliche Dummheit mit 560 Schilling (40,7 Euro) belangt werden.

6   Mit limes gegen Schwarzfahrer.

Begriffsbestimmungen

Aus gesetzlicher Sicht zählt nämlich bereits das Durchschreiten der Bahnsteigsperre als Fahrtantritt.

Schwarzflieger

Gelänge es dem Verfasser, sich in dieser Kunst zu üben, er würde wohl kaum ein bemühtes Werk über das Schwarzfahren verfassen. Schwarzfliegen erfordert Tollkühnheit und eiserne Nerven. Darüber hinaus muß eine hochkarätige, interfakultäre Forschergruppe, bestehend aus Flugzeugtechnikern und Kriminologen, monatelang ein geeignetes System ausbrüten. Nicht weniger als fünfmal wird am Flughafen in Wien-Schwechat die Boarding-card kontrolliert. Nichtsdestotrotz gelingt es gelegentlich Glückspilzen, diesen Weg zu gehen. Vor allem Kinder können sich aufgrund ihrer Unscheinbarkeit leichter an den Kontrollen vorbeistehlen, ohne daß es ins Auge sticht, daß die Begleitperson fehlt. So gelangte ein Vierjähriger an Bord einer deutschen Maschine von Fuerteventura nach Hamburg in einer Toilette, woselbst er erst kurz vor der Landung entdeckt wurde. Auch einem Zwölfjährigen gelang es, sich von Miami bis Jamaika ohne Ticket durchzuschlagen.

Zumal für eine nähere Untersuchung beim Fliegen Wien zwingend verlassen werden muß und die Kosten für eine Flugnetzkarte ins Unermeßliche gehen, würden nähere Ausführungen die Ketten der vorliegenden bescheidenen Schrift sprengen.

Blinder Passagier

Der Begriff wird erstmals im Deutschen Wörterbuch von den Gebrüdern Grimm erwähnt. Die Erklärung fällt weitaus unrühmlicher und blasser als das restliche Erzählgut der Gebrüder Grimm aus; sie beschränkt sich auf die Kurzformel: ein „blinder Passagier, (ist) ein nichts bezahlender".

Ein blinder Passagier muß nicht notwendig blind sein. Im Gegenteil: Er „ist in der Regel ein recht hellsehender Mann; er wünscht nur, daß andere blind sein möchten, nicht alle, aber die auf die es ankommt", bemerkt H. Zwitzers augenzwinkernd 1896 in einer Abhandlung über den blinden Passagier (Zwitzers 1896, 5). In der ursprünglichen Bedeutung ist er ein Reisender, der sich gegenüber seiner Zahlungspflicht taub und blind stellt.

Zu den Ahnvätern der Schwarzfahrt: von der Steinzeit in die Postmoderne

Jahrtausendelang übt die Schwarzfahrt eine gewaltige Faszination auf den Menschen aus. Über die Wiege des Schwarzfahrertums ist nur wenig bekannt (Elfenbeinküste?). Bereits 5000 v. Chr. werden Schlitten und Skier zur Fortbewegung verwendet. Es ist mit einiger Wahrscheinlichkeit anzunehmen, daß es bei den ersten Karawanentransporten, deren Anfänge um 3000 v. Chr. anzusetzen sind, nahezu unmöglich gewesen sein dürfte, unbemerkt ohne Entrichtung des vereinbarten Tauschgutes mitzufahren. Erst lange nach der Erfindung des fahrbaren Untersatzes gewinnt mit Einsetzen der ersten Postkutschen diese Idee allmählich an Verbreitung.

In der einschlägigen wissenschaftlichen Literatur taucht der Begriff *blinder Passagier* erstmals in der Krüniz Encyklopädie, die in Berlin anno 1810 erscheint, in einem Kapitel über das Postwesen auf: „Gegen die Aufnahme so genannter blinder Passagiere auf die ordinairen Posten, muß mit aller Strenge verfahren werden" (Flörke 1810, 41). In diesen ersten glorreichen Tagen der Postkutsche ist das unbemerkte Aufsteigen und Mitfahren nur unter Mithilfe des wohlwollenden Postillions und Kutschers möglich, der im Gegenzug dazu mit einem kleinen Gastgeschenk bedacht wird. Er richtet es ein, daß bei der nächsten Poststation die verpflichtende Meldung über Neuzugänge unterbleibt bzw. kurz vorher die Kutsche verlassen und wenig später wieder zugestiegen werden kann.

In dieser Epoche kommt es zu einer ersten Hochblüte des Schwarzfahrertums. Zur Bekämpfung dieser Umtriebe schlägt bereits der angeführte Band der Krünizschen Encyklopädie vor, „auch öftere, unvermutete Visitationen anzustellen", wie sie aus der Jetztzeit hinlänglich bekannt sind (ebd., 43). Ein weiterer nützlicher Brauch ist es, auf dem schwarz bedruckten *Fuhrzettel* das Datum abzuändern und sodann zu einer neuerlichen Fahrt zu nutzen oder die Meilenzahl nach eigenem Ermessen umzugestalten. Daß auch in dieser Zeit schon die zahlenden Benützer der öffentlichen Verkehrsmittel kräftig in die Tasche greifen müssen, entnehmen wir einer Sentenz im selben Wälzer einige Seiten danach, die auch heute noch, von ein paar unbedeutenden Verbesserungen abgesehen, im wesentlichen ihre Gültigkeit besitzt: „Wer mit der Post reist, / mus eines Lastträgers Rücken, / und eines Fürsten Beutel[7] haben" (ebd., 67).

Seit 1782 sieht die Preußische Postordnung vor, die Postillione für die Mitnahme der blinden Passagiere mit bis zu vierwöchiger Festungs- und Kassationsstrafe zu belangen. „Die Gründe dieses Verbots" ergeben sich – nach dem von Wilhelm Heinrich Matthias 1812 verfaßten Opus über das Postwesen – von selbst: „Durch die heimliche Befrachtung treibt nemlich der Postillon die von dem eben vollendeten Postdienste ermüdeten Pferde noch mehr ab und thut dies zum Nachtheil seines Brodherrn" (Matthias 1812, 131). Bis 1871 wird vom Obertribunal in Berlin für den blinden Passagier selbst, gleich dem Zechpreller, keine Gefängnisstrafe verhängt. Dann wird mit dieser Tradition gebrochen, und das Gesetz des Deutschen Reiches wertet das heimliche Betreten eines Postwaggons als Unterdrückung einer wahren Tatsache und damit als Betrug. Es sieht dafür eine Geldstrafe in der Höhe des vierfachen Betrages des Fahrscheines vor oder eine ersatzweise Haftstrafe von bis zu sechs Wochen (vgl. Aschenborn, Schneider 1928, 319 f.).

Der österreichische Entwurf von 1891 sieht vor, daß wer eine fremde Sache unbefugt gebraucht, mit einer Strafe bis zu 100 fl. zu rechnen hat. Da jedoch (fast) niemand weiß, ob es sich bei 100 fl. um das Tageseinkommen eines Bettelmönches oder die jährlichen Einnahmen einer Kammerzofe handelt, sind Angaben dieser Art wenig hilfreich, um sich ein Bild von der Höhe der Strafe zu machen. Wie wir gesehen haben, hat es Schwarzfahren immerdar gegeben, lediglich die Methoden unterliegen einem Wandel.

Hartnäckigen Gerüchten zufolge soll es zu Beginn der Dampfschiffahrt in einigen Ländern Bestimmungen gegeben haben, nach denen aufgegriffene blinde Passagiere über Bord geworfen werden konn-

---

7 Gemeint ist Geldbeutel.

ten.[8] In den Augen der Kapitäne dürfte es sich bei den blinden Passagieren um Schwerstverbrecher handeln. Offensichtlich halten es manche finstere Fährmänner für eine Ehrensache, diese blutige Tradition weiterzuführen. Im November 1992 zwingt der Kapitän eines ukrainischen Frachters seine Besatzung dazu, sieben blinde Passagiere aus Ghana ins Meer zu werfen, nur einer davon überlebt. Vier Jahre darauf müssen Besatzungsmitglieder eines taiwanesischen Schiffes auf Geheiß des Kapitäns drei blinde Passagiere aus Rumänien auf offener See aussetzen. Ein vierter überlebt nur deshalb, weil ihn acht Mitglieder der Besatzung nach der Entdeckung verstecken und mit Lebensmitteln versorgen (vgl. Neue Zürcher Zeitung, 30. 5. 1996). Es braucht nicht näher ausgeführt zu werden, daß in heutiger Zeit diese greulichen Taten verboten und auf internationalen Gewässern ahndbar sind.

In einem kurzen Abriß über die Entstehungsgeschichte der Schwarzfahrt darf auch die Zeitgeschichte nicht fehlen. Wir schreiben das Jahr 1979. Unsere Auflistung führt uns nach Wien, wo die bedeutsamste Umstellung in der Geschichte der Schwarzfahrt stattfindet: die auf schaffnerlose Züge. Die ganze Welt blickt verheißungsvoll auf die Donaumetropole. Die Poeten umschwärmen die Stadt und singen Loblieder („Schaffnerlos") auf sie. Die Anzahl der Nichtzwicker beginnt rasant anzusteigen; als Reaktion darauf erscheinen die ersten Kontrollorgane in auffälliger Zivilkleidung auf der Bildfläche. O. kommt in der Stunde Null als Student nach Wien und freut sich darob, daß er im Gegensatz zu Linz hier das Schwarzfahrerparadies vorfindet. Er ist dergestalt erfolgreich, daß er sich sogar den geringen Aufpreis für eine Netzkarte spart.

Nur ein Jahrzehnt später wird die Bestellung eines neuen Leiters der Kontrollabteilung die Gangart gegenüber Nichtzahlern lebhaft auffrischen. Den Kontrollorganen wird das Recht eingeräumt werden, die Ertappten bis zum Eintreffen der Polizei festzuhalten. Auch die kinderleicht erkennbaren mittelalterlichen „Schlägertypen mit obligatem Herrenhandtascherl" und Kleiderbauer-Einheitstracht werden aus den Reihen der Kontrollore gänzlich verschwunden sein.

---

8 Trotz umfangreicher Recherche konnten wir jedoch keine näheren Quellen finden.

Generelle Überlegungen
zur Fortbewegung in U-Bahnen

Da im innerstädtischen Bereich die Raschheit des Fortkommens schnell auf eine natürliche Grenze stößt, wird in den mitteleuropäischen Millionenstädten der Expreßverkehr bereits sehr bald unter die Erde verlegt, was aus speläologischer Sicht überaus begrüßenswert ist, da die Zahl natürlicher wie künstlicher Hohlräume damit im Ansteigen begriffen ist. Während andere Weltstädte wie Moskau schon früh mit sagenhaften U-Bahn-Systemen aufwarten konnten, erfolgte in der Donaumetropole der Ausbau nur sehr zaghaft, obgleich sich Wien aus filmhistorischer Sicht den einstigen Weltruhm hinsichtlich unterirdischer Bauwerke im Kanal bis heute erhalten hat. Heute punktet bei der breiten Bevölkerung die U-Bahn vor allem wegen ihrer Verläßlichkeit, und für einen Großteil der Wiener hat sie größeren persönlichen Nutzen als der Personenkraftwagen (vgl. Klotz 1993, 10).

Durchsagen haben unterschiedliche Funktionen.

Wir unterscheiden:

Relevante Durchsagen

Hier geht es um die für einen größeren Kreis von Personen tatsächlich interessanten Mitteilungen, wie etwa die Hiobsbotschaft, daß aus nicht näher genannten Gründen die Taktfrequenz von drei auf dreißig Minuten steigt. Es gibt eine stille Abmachung zwischen den einzelnen Fahrern, bei Durchsagen sich in Unverständlichkeit und Undeutlichkeit gegenseitig zu überbieten. Es heißt, daß es manchen Fahrgästen ein Leben lang nicht gelungen sei, auch nur eine einzige Ansage vollständig zu verstehen. Der genaue Wortlaut der jede Station wiederkehrenden Ansage lautet: *Zug fährt ab.*

Redundante Durchsagen

Alle Ansagen, die mit „Bitte beachten Sie" oder „Bitte helfen Sie mit …" beginnen, sind gänzlich überflüssig. Es folgen Anleitungen, wie eingestiegen werden soll und daß für die Benutzung der Verkehrsmittel gültige Fahrausweise Voraussetzung sind. Wirklicher Informationsfluß findet keiner statt. Die meisten Durchsagen können auch mit Oropax noch gut verstanden werden. Wir können von Glück sprechen, daß nicht auch die Steuermänner wie im Flugverkehr mit einer Vorstellungsrunde die Fahrgäste erfreuen: „Ich begrüße Sie an Bord der U-Bahn nach Hietzing, ich bin Gustl Botanovic, die voraussichtliche Fahrtdauer beträgt 21 Minuten, wir danken, daß sie auch für die letzten drei Stationen die Wiener Linien gewählt haben." Bedauerlicherweise ist die überwiegende Zahl der Ansagen von der zweiten Art.

Gespräche

Da die Fahrgäste vorwiegend alleine unterwegs sind und es unschicklich ist, fremde Personen anzusprechen, sitzen fast alle Personen stumm und reglos in den öffentlichen Verkehrsmitteln. Österreich ist eine Nation von Schweigern. Davon ausgenommen sind lediglich schwülstige Liebeserklärungen und geduldige Rufe an Zweibeiner: „Fuffy, kumm endlich!" Eines der wenigen Gesprächsthemen sind Arztbesuche und die fröhliche Urlaubszeit.

Rahmenbedingungen
für das Entstehen von Schwarzfahrt

Im folgenden sind einige Voraussetzungen angeführt, welche das Aufkommen von blinden Passagieren begünstigen.

Verstädterung

Im urbanen Milieu, das durch Anonymität und hohe Mobilität gekennzeichnet ist, sprießt und gedeiht die Schwarzfahrergemeinde, da hier optimale Rahmenbedingungen gegeben sind. In einem kleinen und enggeschlossenen Kreis ist die Wahrung von Geheimnissen schon einmal dadurch technisch schwierig, da jeder den Verhältnissen des anderen zu nahe steht (vgl. Lohse 1995, 19).

In einem öffentlichen Bus von Gunskirchen nach Maria Schmolln kennen die meisten Fahrgäste einander persönlich, so daß ein Angetroffenwerden ohne Fahrausweis höchst unangenehm verläuft. Da die familiären Nachrichtendienste überaus leistungsstark sind, verbreitet sich die Kunde vom Mißgeschick bei den anderen schneller, als einem lieb ist.

Auch die Möglichkeiten der Überwachung durch den Buslenker sind wesentlich ausgeprägter; bei lediglich zwanzig Fahrgästen ist es ihm ein leichtes, seine schwarzen Schäflein im Kopf zu behalten. Aus diesem Grund finden wir Erschleichung von Leistungen in Millionenstädten wesentlich häufiger als in Kleingemeinden (vgl. Lohse 1995, 19). Die Verschiedenartigkeit der Kulturen und das Fehlen von sozialer Kontrolle sind ein Nährboden für die Herausbildung der Schwarzfahrer-Subkultur in den Städten. Darüber hinaus gibt es ausreichend Gleichgesinnte, die für eine hinreichende Resonanz sorgen.

Allerdings kann Abweichung nicht als „eine Kraft der menschlichen Natur angesehen werden, die automatisch ausbricht, wenn die Kontrolle fehlt" (Szabo in Sack, König 1968, 107 f.), es gehört also mehr dazu, wie an späterer Stelle auszuführen sein wird.

Hohe Mobilität bewirkt auch ein Ansteigen des öffentlichen Verkehrs und somit indirekt auch eine Erhöhung der Schwarzfahrerquote. Die Großstädte in heutiger Zeit sind dergestalt angelegt, daß die Einwohner gezwungen sind, große Wege zurückzulegen, um zu den Wohn- und Arbeitsstätten zu gelangen. Seit den Anfängen der Menschheitsgeschichte ist Bewegung eine entscheidende Überlebensgrundlage. Zur Erklärung der Bewegungsmotive gibt es zwei verschiedene Ansätze. Beim ersten wird davon ausgegangen, daß Mobilität ein Mittel zur Befriedigung von Bedürfnissen ist. Dazu zählen biologische Bedürfnisse des Organismus und der Wunsch nach Zusammenarbeit mit anderen (vgl. Schmitz, Bilsky zit. nach Schmitz in Flade 1994, 106). Beim zweiten Erklärungsmodell wird davon ausgegangen, daß Mobilität zum Selbstzweck wird, wenn Fortbewegung alleiniges Ziel des Handelns ist; *„Der Weg ist das Ziel"* also in einer pervertierten Form. Daß sich dieser zweite Typ weniger gehäuft in öffentlichen Verkehrsmitteln als vorwiegend in schnellen Flitzern findet, braucht nicht näher ausgeführt zu werden.

Gerade in der Freizeit hat Fortbewegung nicht nur die Aufgabe der Überwindung von Entfernung. Jede Reise, sei sie auf den Mt. Kailash, nach Papua-Neuguinea, nach Neukaledonien oder nur ins nächste Tschecherl, ist eine Erweiterung des persönlichen Horizontes.

Die Generaldirektion

Im ersten Kapitel wird Schwarzfahren aus der Sicht der Transportgesellschaft und des Gesetzgebers abgehandelt. Bei der Beschreibung der
Denkweisen der Leiter wird nur auf die offiziellen eingegangen. Dar-
stellungen über grausame und weniger grausame Bekämpfungsmaß-
nahmen runden das Kapitel ab.

Die Zahlen, die Fakten

Die Gesetze in Wien sind schon lange Zeit dergestalt verworren, daß sie ein gefundenes Fressen für großangelegte Verwirrspiele bieten und daher ihre Auslegung von Instanz zu Instanz unterschiedlich erfolgt.

Das Gesetz in Österreich und die Wiener Schmankerln

In der Alpenrepublik ist das Vergehen des Nichtzwickens gerichtlich nicht strafbar. Wer sich verflüchtigt und kurz danach unglücklicherweise ertappt wird, kann desgleichen gerichtlich nicht belangt werden. Daß später viele, viele Fragen kommen, ist gewiß. Man zahlt jedoch denselben Listenpreis, den andere für eine gewöhnliche Schwarzfahrt verrechnet bekommen. Selbst dann, wenn man täglich fünfzigmal pro Tag ertappt wird, hat man jeweils nur den gewöhnlichen Satz zu bezahlen.[9]

Bis ins Jahr 1994 gab es keine gesetzliche Handhabe, bei Ertappung des blinden Passagiers, ihn mit einem kräftigen Händedruck an einer Flucht zu hindern. Um diese segenbringenden Zustände ein für allemal zu beenden, begannen die Transportväter die bestehenden Gesetze umzuinterpretieren und neue zu schaffen. Durch das Aufsetzen der Amtskappe zählt sich das Organ neuerdings zu den Straßenbahnaufsichtsorganen, was ihn ermächtigt[10], blinde Passagiere bis zum Eintreffen der Polizei festzuhalten.[11] Ein Recht auf Hinzuziehung eines Rechtsanwaltes an die Stätte besteht nicht ausdrücklich, wohl aber das Grundrecht auf freie Meinungsäußerung gegenüber den Kontrolloren, das immer gegeben ist. („Ich war irrigerweise der Ansicht, daß 24-Stunden-Netzkarten drei Tage lang Gültigkeit besitzen, auf Strecken, auf denen mit wenig Kontrolloren zu rechnen ist.")

9 Oftfahrerreduktionen – wie bei der Bahn – sind nicht vorgesehen.
10 § 45 des Eisenbahngesetzes macht's möglich.
11 Zum besseren Verständnis: Unter Festhalten versteht Köbler das Verhindern der Ortsveränderung (vgl. Köbler 1997, 134).

Es ist ferner möglich, bei den Kontrolloren möglichst unter Nennung von Gründen einen Zahlungsaufschub zu beantragen. Bei den Stadtwerken kann auch um Zahlung in Raten angesucht werden. Genehmigt werden jedoch kaum jemals mehr als zwanzig.

Einige praktische Tips finden wir im Wiener Lernbehelf für Kontrollorgane. Das zusätzliche Beförderungsentgelt aufgrund einer überzogenen Kurzstreckenkarte darf nur dann eingefordert werden, wenn die Stationen richtig angesagt worden sind. Weiter heißt es auf Seite 20 derselben Schrift, daß kein zusätzliches Entgelt ausgesprochen werden darf, sofern der Fahrgast der deutschen Sprache nicht mächtig ist. Da heute jeder zweite versucht, damit einen Straferlaß zu bewirken, zeigt dieser Paragraph allerdings bereits einige Abnützungserscheinungen.

Wer zum Beispiel in Bonn gänzlich ohne einen Fahrschein ertappt wird, hat die Möglichkeit, statt einer Strafe eine vergünstigte Jahreskarte zu erstehen (vgl. Frankfurter Rundschau, 7. 11. 1998, 23). Dieses überaus durchdachte Modell könnte mit einer kleinen Erweiterung auch auf Österreich übertragen werden; bei Ertappung hat der blinde Passagier die Wahl zwischen einer Geldbuße in der gehabten Form oder einer Monatskarte. Bei Übernahme dieses Modells stünde Wien einmal mehr im Mittelpunkt des Schwarzfahrerhimmels.

Das erhöhte Entgelt beträgt sowohl für Graufahrer als auch für Schwarzfahrer einheitlich öS 560.– (40,7 Euro). Vergünstigungen für Studenten, Zivildiener und Kriegsblinde, wie sie bei gewöhnlichen Fahrten gewährt werden, sind nicht ausdrücklich vorgesehen.

Eine nette kleine Besonderheit gibt es in der schönen, ehemaligen Kaiserstadt. Für den Fall, daß der blinde Passagier nach drei Tagen noch immer säumig ist, könnte er nach der herrschenden Rechtslage theoretisch – Ironie des Schicksals – dafür gleich zweimal belangt werden. Zum einen nach den Beförderungsbedingungen der Wiener Linien, zum anderen nach dem Verwaltungsverfahrensgesetz.[12] Die Transportgesellschaft begnügt sich mit öS 1120.– (81,4 Euro), die Bundespolizeibehörde ist etwas unbescheidener und fordert öS 3000.– (218 Euro). Klar, daß in der Praxis die Bezahlung nur einmal erfolgt.

12 Mündliche Mitteilung von Hannes Deutsch, genannt wird EGVG, Art. IX.

In den Transportgesellschaften gibt es eigene Anwälte, die jenen verstockten blinden Passagieren auf die Sprünge helfen, die auch dieser Vorschreibung nicht entsprechen, indem sie jene mit Klagen eindecken. Diesen schweren Weg gehen 7 Prozent der ertappten Schwarzfahrer. In der Donaumetropole ist rund ein Zehntel der Erlagscheinschulden uneinbringlich und wird daher ad acta gelegt. Den größten Teil davon machen falsche Adreßangaben aus.

Schwarzfahrerquote am Beispiel der Wiener Linien

Dem stadtwerkeintern mit Champagner gefeierten Tiefstand der Schwarzfahrerquote von 1,7 Prozent anno 1991 folgt eine beständige, geringfügige Steigerung. Nur zwei Jahre lang gelingt es, diesem Trend ein Ende zu setzen. Im Jahre 1998 erreicht die Fangquote einen vorläufigen Höhepunkt von 3,81 Prozentpunkten. Bis zur Drucklegung dieses Buches setzt eine weitere langsame Erhöhung ein.

Bei dieser Zählung bleiben jene Schwarzfahrer unberücksichtigt, die zum richtigen Zeitpunkt die Straßenbahn verlassen, was zu einer deutlichen Verfälschung der Statistik führt. Diese somit stark beschönigten Ergebnisse fallen zugunsten der Kontrollabteilung und der Beförderer aus. Desgleichen handelt es sich bei der Zählung der Fahrgäste nur um sehr grobe Schätzungen, so daß die Hochrechnungen nur Unterhaltungswert haben. Den tatsächlichen Schwarzfahreranteil schätzt ein Sprecher der Transportgesellschaft auf 15 Prozent. Von offiziellen Spitzenwerten von bis zu einem Drittel wird in den Nachtbussen erzählt, die diese Tradition bereits jahrelang einnehmen. Geradezu armselig mutet dagegen die Badnerbahn mit zehn Prozent an (vgl. Wiener Zeitung, 26. 11. 94). Auch bei Großaktionen sind die, welche in die Falle tappen, nicht gerade rar gesät, da ihre Gegenstrategien zu behäbig sind. Infolgedessen finden wir hier eine Quote bis hin zur Schmerzgrenze von fast zehn Prozent.[13]

Mit seiner Quote liegt Wien gut im internationalen Schnitt. Aus Sicht der Schwarzfahrer ist Linz absolutes Hölleninferno. Die

---

13 Unsichere Datenlage.

Schreckensherrschaft der Kontrollorgane beschert den Beförderern die niedrigste Quote der gesamten Republik. Mit anderthalb Prozent wird es auch als ein internationales Kontrollors-Aushängeschild betrachtet. Der Verdienstentgang aufgrund nicht gezwickter bzw. gar nicht gekaufter Fahrscheine wird von den Wiener Linien auf jährlich 100 Millionen Schilling (7,26 Mio. Euro) geschätzt. Bis ins Jahr 1996 konnte die Kontrollabteilung lediglich sechzig Prozent ihrer Kosten durch Strafen abdecken. Mit einem lachenden und zwei weinenden Augen reagierte das Kontrollamt auf diesen Umstand. In einem internen Antwortbericht an das Kontrollamt wurde auf die ungeheuerliche Vorbeugewirkung hingewiesen, die Kontrollen einmal haben. Heute ist dieses Schandmal für die Direktion verschwunden.

Bauart der Fahrzeuge, soziale Kontrolle und Schwarzfahreraufkommen

Bei schnellen Fortbewegungsmitteln, wie U-Bahnen, wo sich vor dem Entwerter Abertausende von Personen gleichzeitig vorbeischlängeln, ist die soziale Kontrolle durch andere Fahrgäste verkümmert, was sich auf eine hohe Schwarzfahrerquote auswirkt. Auch durch den ständigen Wechsel von Fahrgästen wird ähnliches bewirkt. Andererseits ist schon in der Tram aufgrund ihrer Bauart der Rahmen deutlich intimer; hier finden wir ein durchschnittliches Schwarzfahreraufkommen von 4,1 Prozent. Beim Omnibus hingegen wird eine beinahe familiäre, behagliche Wohnzimmeratmosphäre geschaffen, durch ein Viertel gegenüberliegender Vierersitzgruppen, die bei letzterer fast gänzlich fehlen. Je geringer jetzt noch die Zahl der Fahrgäste sein wird, um so höher die soziale Kontrolle, die von stechend-strafenden Blicken bis zu drohenden Mahnungen reicht, womit wiederum die Quote in den Bussen deutlich absinkt (2,9 Prozent).

Besteht jedoch eine Übereinstimmung zwischen den Fahrgästen dahingehend, daß Schwarzfahren ein erfreulicher Akt ist, wie beispielsweise in den Nachtbussen, wird die soziale Kontrolle völlig verkümmern, und die Werte steigen bis auf 60 Prozentpunkte.

Um die Fahrscheinkosten nicht ins Astronomische steigen zu lassen, müssen von öffentlicher Hand pro Jahr 3,6 Mrd. Schilling (261,6 Mio. Euro) zugeschossen werden. Der Verlust, den die Wiener Linien jährlich einspielen, wird auf Bund und die Länder Wien, NÖ und Burgenland aufgeteilt (vgl. Der Standard, 3. 3. 94). Nur dann, wenn jeder Fahrgast einen Zwanziger (1,5 Euro) für einen Fahrschein bezahlen würde, wäre der Betrieb kostendeckend. Der tatsächliche Erlös liegt aufgrund der günstigeren Netzkarten bei öS 5,40 (0,4 Euro) pro Fahrgast.

Nulltarif

Für jene Schwarzfahrer, die entweder aus Not, um ihrem eigenen finanziellen Zusammenbruch zu entgehen, oder ganz einfach nur, um ihr Börsel zu schonen, dem Zwicken entsagen, wird an ebenjenem Tag, an dem die Kontrollen eingestellt werden, ein gewaltiges Freudenfest ausbrechen. Die Spieler hingegen sitzen reglos in den Bahnen, da sie nun ihre liebste Freizeitbeschäftigung verloren haben. Allerdings ist die Vorfreude verfrüht: Aus gut informierten Quellen ist bekannt, daß in Wien bis ins Jahr 2067 keine Umstellung auf Nulltarif vorgesehen ist.

Als Parteiinhalt wurde die Forderung nach dem Nulltarif in Wien als einzige von den „Zornigen Roten" zur Gemeinderatswahl 1996 aufgegriffen. Lediglich tageweise können Fahrgäste in den Genuß freier Fahrscheine kommen. Immer dann, wenn ein neuer U-Bahn-Teilabschnitt in Betrieb geht, zuletzt am 5. Dezember 1998, versenden die Wiener Linien Gratisfahrscheine an alle Haushalte. Wir dürfen annehmen, daß an diesen Tagen auch keine Kontrollen erfolgen.

Anläßlich der Eröffnung eines größeren Marktes übernahm die Firma kika für einen Tag lang (27. Sept. 1996) sämtliche Fahrtkosten (für öffentliche Verkehrsmittel) für alle Wiener. Dieser zunächst modellhafte Pilotversuch könnte in Hinkunft raschest Schule machen. Nach demselben Muster würden etwa die Billa-Wochen oder das Meinl-Jahr bei der hiesigen Bevölkerung reißenden Anklang finden.

Einen Schritt weiter sind die Stadtväter im deutschen Städtchen Templin gegangen. Waren in der Zeit der DDR noch stolze 20 Pfennig für einen Fahrschein zu bezahlen, so wurde nun beschlossen, ihn gänzlich umsonst anzubieten. Die Kosten hierfür werden den Uckermörkischen Verkehrsbetrieben (UVG) von der Stadt zur Verfügung gestellt, welche aus erhöhten Kurtaxen und Haltestellenwerbung Mehreinnahmen erzielt. Zum einen sollen damit Besucher angelockt, zum anderen ein Umsteigen der Bevölkerung auf öffentliche Verkehrsmittel erzielt werden (vgl. taz, 13. 12. 1997).

Die Maßnahmen

Die Methoden, die von den Schwarzfahrern am meisten verstanden werden, sind nach geltender Kontrollmeinung weniger moralische Ermahnungen und gutes Zureden als pure Abschreckung. Das Ausmaß der Abschreckung wird für Heinze, dem kapitalsten, aufsehenerregendsten Vertreter dieser Spezies, durch zwei Faktoren bestimmt: die Häufigkeit und Unberechenbarkeit der Kontrolle (vgl. Heinze 1975, 72). Es besteht allerdings die Gefahr, „daß bei nicht ausreichender Abschreckung immer mehr Fahrgäste, angestachelt durch prahlerisch herausgestellte Freifahrtergebnisse professioneller Fahrgeldhinterzieher, sich von deren Rechnungen überzeugen und in den Sog der Fahrgeldhinterziehungen hineinziehen lassen", zeichnet Heinze ein düsteres Schreckensinferno (ebd., 67).

Gleich einem gütigen, bisweilen auch strengen, aber immer gerechten Vater soll der Kontrollor den Fahrgästen begegnen. Denn der Leiter der Kontrollabteilung, Hannes Deutsch, weiß: „Die Wiener sind ehrlich. Aber es ist wichtig, sie an uns zu erinnern" (zit. nach profil, 14. 11. 94).

Werbefeldzüge

Diese gehören eher zu den Zuckerbrotmethoden, um Personen vom Schwarzfahren abzuhalten. Die ersten Plakate Anfang der 80er Jahre pochen zum einen auf die Fairneß der Fahrgäste, zum anderen werden blinde Passagiere offen mißgünstig als Randgruppe, Enfants terribles der mobilen Gesellschaft ausgewiesen. Etwas später wird erkannt, daß die alte Form des Werbens nicht mehr zeitgemäß ist. Mit neuen, deutlich gelockerten Werbesprüchen wird versucht, ein Umsteigen zum Zwicken zu bewirken. Ein Wettbewerb wird veranstaltet, bei dem die besten Ausreden prämiert werden. Tatsächlich ist ein Teil der eingesandten Sprüche sehr ansprechend, und die Werbung gewinnt sogar einen Werbepreis. Eine Auswahl davon findet sich zu dokumentarischen Zwecken auf den nächsten Seiten.

101 Ausreden,
die nichts nützen

13 „Ich habe geglaubt, heute war schon gestern, daher stimmt das Datum auf dem Fahrschein."

Fairneß zahlt sich aus.
Schwarzfahren kostet 560 Schilling.

101 Ausreden,
die nichts nützen

42 *„Dem Entwerter muß die Tinte ausgegangen sein."*

Fairneß zahlt sich aus.
Schwarzfahren kostet 560 Schilling.

101 Ausreden,
die nichts nützen

51 „Gestern bin ich auch schwarzgefahren. Und da hat kein Mensch was gesagt."

Fairneß zahlt sich aus.
Schwarzfahren kostet 560 Schilling.

101 Ausreden,
die nichts nützen

**57 „Sie müssen mir
einfach glauben, daß ich
einen Fahrschein habe."**

Fairneß zahlt sich aus.
Schwarzfahren kostet 560 Schilling.

WIENER LINIEN

---

101 Ausreden,
die nichts nützen

**59 „Eigentlich wollte ich zu Fuß gehen
und hab' mich nur verfahren."**

Fairneß zahlt sich aus.
Schwarzfahren kostet 560 Schilling.

WIENER LINIEN

---

101 Ausreden,
die nichts nützen

**50 „Mir hat die Zugluft
den Fahrschein aus der Hand
gerissen."**

Fairneß zahlt sich aus.
Schwarzfahren kostet 500 Schilling.

Erfreulich erfrischend sind die neuen Hervorbringungen der Wiener Linien, die sich deutlich vom üblichen Einheitsbrei abheben.

Ein weiterer gelungener Vorschlag einer Mitarbeiterin der Wiener Linien ist niemals durchgeführt worden; um die Schwarzfahrerquote zu senken, soll jeder Fahrgast, der über einen Fahrausweis verfügt, mit einer Rose beglückwünscht werden. Daß jedoch Kontrollorgane wie ein wandelnder Holland-Blumen-Markt aussähen und so von weitem erkennbar wären, könnte möglicherweise den Ausschlag zu einem Njet gegeben haben.

Kontrollgang: Zahl der Organe und Einsatzzeiten

Eine Hundertschaft – an manchen Tagen sogar eine Hundertfünfschaft – von wackeren Männern ist im Dauereinsatz, damit die Kontinuität der Überwachung gewährleistet ist. Sie haben nur ein einziges Ziel: die rigorose Bekämpfung und Ausrottung des Schwarzfahrertums. Gefordert sind sympathische, kräftig gebaute Lackel mit einem natürlichen Hang zur Fröhlichkeit. Wochenends und im Sommerloch jedoch schrumpft diese Zahl um ein Drittel (vgl. Wirtschaftsblatt, 23. 4. 96). Weitere zweihundert Straßenbahnfahrer sind unterwegs, die einmal pro Woche als Kontrollore die U-Bahnen unsicher machen. Während sich gewöhnliche Menschen noch im Tiefschlaf befinden, sind bereits zahllose Kontrollore im Einsatz, um alles für eine Verminderung der Quote zu geben.

Kontrollformen

Wir unterscheiden insgesamt sieben unterschiedliche Vorgangsweisen. Die Aufzählung erfolgt in der Reihenfolge ihres Aufkommens. Die Erarbeitung neuer Methoden hat die alten jedoch nicht vollständig ersetzt.

In den 8oer Jahren totgesagt, erlebt diese Vorgangsweise nunmehr ein Revival.[14] Da seit dieser Zeit von den Uniformierten niemals Kontrollen durchgeführt wurden, sind blinde Passagiere beim Auftauchen von Uniformierten felsenfest davon überzeugt, daß auch jetzt keine Überprüfung erfolgt, und bleiben so lange in der Straßenbahn sitzen, bis die Falle unentrinnbar zuklappt.

Aufgrund dieser Falschannahme der Schwarzfahrer sind die Fangquoten annähernd gleich wie bei Zivilkontrollen, wie der Leiter der Kontrollabteilung, Deutsch, anführt. Es leuchtet ein, daß sich die Botschaft der kontrollierenden Uniformierten wie ein Lauffeuer unter den Fahrscheinlosen verbreitet, so daß in kürzester Zeit eine deutliche Erniedrigung der Fangquoten von Uniformierten zu erwarten ist. Uniformiertheit wird von den Angestellten einerseits als Gleichschaltung zu den anderen empfunden, andererseits schweißt es zusammen und stärkt das Zusammengehörigkeitsgefühl. Sie bietet Sicherheit im Umgang mit Gleichen, so können alle mit derselben Uniform mit du angesprochen werden. Darüber hinaus wird sie jedoch auch als Besserstellung gegenüber den Gewöhnlichen erlebt. Demgegenüber grenzen sich die Chefs von den Stadtwerkedienern gerade dadurch ab, indem sie uniformfrei herumschreiten.

Ein eigenständiges Individuum mit nicht uniformem Denken muß sich auch nach außen hin als solches deklarieren. Uniformiertheit erlaubt andererseits aber für Außenstehende auch eine klare Zuordnung des Gegenübers, was den Vorzug hat, daß der Hotelmanager nicht mit dem Liftboy verwechselt wird. Andererseits muß ein Einkäufer nicht notwendigerweise mit dem Schild „Kunde" das Geschäft betreten, weil hier die Rollenverteilung auf der Hand liegen sollte.

---

14 Der Wiederverfleischlichungsgedanke ist hier dezidiert aufgegriffen.

Sowohl vom Leiter der Kontrollabteilung als auch von den Kontrolloren wird davon ausgegangen, daß Personen, die völlig der Normalität entsprechen, am wenigsten auffällig erscheinen.

Da der Personalchef die Kontrollorgane auswählt, sind sie das Abbild der Vorstellungen über Normalität in seinem Kopf, somit also sein Ebenbild. Gerade damit ist aber bereits ein erster Hinweis für den Nichtzahler gegeben, wie Kontrollore erkennbar sind. Da das Zivilorgan in der Prüfclique sozialisiert ist und sich die Strickmuster des Vorgehens untereinander stark ähneln, werden die gewieften Nichtstempler bei seinem Auftauchen selbst in einer Verkleidung als Santa Claus ein bevorstehendes Unglück erahnen und ausgangwärts strömen. Ein weiteres Merkmal, das den Kontrollor von Karl Österreicher unterscheidet, ist die Konstruiertheit seines Tuns. Während andere Mitfahrende verhältnismäßig absichtsfrei durch die U-Bahnen streifen, verfolgt das Handeln des Organs eine Strategie.

FREIZEITKONTROLLORE

Des öfteren gibt es in Wien Privatpersonen, die sich ihren eigenen Verdienst mit einem kleinen Zubrot aufbessern, indem sie unbefugt kontrollieren. Für den Fahrgast sind sie unschwer erkennbar an ihrem Drängen nach Barzahlung sowie ihrem Imitationsabzeichen. Wenngleich sie im Interesse des Verkehrsunternehmens handeln, da sie als vermeintliche Kontrollore die Schwarzfahrerquoten senken, werden sie von diesen eher als störende Konkurrenten betrachtet. Noch in den 70er Jahren wurde ernsthaft diskutiert, die Kontrolle an „freiwillige Helfer" zu übergeben, was nur deshalb verworfen wurde, weil die Verwirklichung „Konfusion in den Kontrollapparat bringen würde" (Heinze 1975, 19).

Bei dieser Vorgangsweise werden nahezu alle Kontrollorgane auf eine Straßenbahnlinie verfrachtet und verrichten dort ihre Arbeit, bisweilen auch nur zwischen zwei Stationen. Fährgäste, die längere Zeit auf einer Linie unterwegs sind, runzeln die Stirn darüber, daß sie in einer Viertelstunde einundfünfzigmal kontrolliert werden. Es ist einsichtig, daß für eine Kontrolle nicht Linien ausgewählt werden, auf denen den ganzen Tag lang fünf Pensionisten oder nur der Geldadel, Bankbesitzer[15] und Großindustrielle verkehren, bei denen die Schwarzfahrerquote annähernd null ist.

Seit 1997 werden in einigen Privatradios jene Linien durchgegeben, wo vorwiegend mit Kontrollen zu rechnen ist. Diese Information stützt sich auf aufmerksame Schwarzfahrer, die es gerade noch geschafft haben mögen, zu entwischen, und welche Kollegen warnen wollen. Ein Jahr später zieht der staatliche Rundfunk mit seinen Regionalsendern nach, der allerdings die Informationen von der Transportgesellschaft selbst erhält. Damit wird erreicht, daß in den betroffenen Linien die Schwarzfahrerquote drastisch absinkt.

STICHPROBE

Hier werden in der U-Bahnstation nicht alle Personen einer Kontrolle unterzogen, sondern lediglich die interessantesten herausgepickt. Beim Bahnsteig werden zwei Kontrollorgane postiert, die ausgewählte Verdächtige aus der Masse herauspicken und ihre Fahrscheine kontrollieren. Hinter den Kontrolloren, ohne ersichtlichen Zusammenhang, stehen zwei Polizisten, welche die Daten der Personen aufnehmen, die über keine derartigen Scheine verfügen. Wir müssen den geneigten Leser auf später vertrösten, wo die Situation des Verdachtes eingehend erörtert wird.

---

15 Die geflügelten Worte – „Nicht jeder, der Mercedes fährt, sich redlich von der Arbeit nährt" – haben auch heute noch ihre Gültigkeit.

Mit dieser Methode, die 1993 ihren Erstlingseinsatz hat, wird so manchem Nichtzwicker anfänglich das Fürchten gelehrt. Hier der erschütternde Bericht eines aufrechten Schwarzfahrers (P.) mit einem Ausruf des Entsetzens: „Ich meine, das ist arg, Tausende Uniformierte, Polizisten, alle möglichen Formen von Stadtwerke-Brüdern und Schwarzkapplern: ein Riesenaufwand, das schnall' ich net!"

Etwa einmal pro Woche werden solche Aktionen durchgeführt, bei denen die Fangquote im Schnitt etwa die Hälfte höher ist als bei Zivilkontrollen. Bei der Platzwahl wird flexibel vorgegangen, bei schlechter Absahnung kann gewechselt werden. Rentable Geschäfte werden nur in Stoßzeiten erzielt, in denen Massenaufläufe von Personen zu erwarten sind, wie etwa zu Arbeitsbeginn. Als erstmals pünktlich um 5.30 eine Großaktion angesetzt wird, schlagzeilt anderntags selbst *die Krone* in leichtem Befremden: „Jetzt machen Kontrollore Jagd auf die Frühaufsteher" (Kronen Zeitung, 7. 10. 94). Bei der beobachteten Großaktion am Reumannplatz in den Abendstunden sind sechzehn Kontrollore beteiligt, die alle uniformiert sind. Zwölf sind an einem Eingang positioniert, weitere vier an einem zweiten. Bei der ersten Gruppe befinden sich auch der Missionsleiter und ein Zähler, die beide keine Uniform tragen.

Hinter dem Leiter finden sich mehrere Schutzmänner ein, die sich in vornehmer Zurückhaltung üben. Sämtliche Eingänge werden hermetisch abgeriegelt, bei jedem Entwerter ist eine Person postiert. Wenngleich lediglich Fahrgäste kontrolliert werden, die den Stationsbereich verlassen, so erlebt doch das Zwicken eine Renaissance, und es tummeln sich vor dem Fahrscheinautomaten selten viele Personen, um noch rechtzeitig einen Fahrschein zu ergattern. Zwei Freunde gehen in Richtung Stationsbereich, der eine bemerkt, daß Kontrollen erfolgen, und sagt zum anderen (so als könne er in Versuchung kommen, ohne gültigen Fahrausweis ein öffentliches Verkehrsmittel zu betreten): „Weißt eh, wir brauchen einen Fahrschein!" und geht direkt auf den Automaten zu. Nach einer Großaktion sind sämtliche Fahrkartenautomaten und Trafiken im Umkreis von einem Kilometer ausverkauft.

Alle Leute sind erstaunt, verwundert, verärgert und machen – nachdem sie kontrolliert worden sind – keinen Hehl aus ihrer Abneigung. Da der Leiter unter den Kontrollorganen weilt, kann niemand umhin, seinen Weisungen gemäß zu handeln, weshalb kein einziger Schwarzfahrer von der Strafe verschont wird. Die freundlichen Gebärden der Männer in Grün, bei den kleinsten Versuchen ausgangwärts zu eilen, verunmöglichen eine Flucht gänzlich. Drei aufgeweckte, lebhafte Männer, die dieses Gesetz zu mißachten trachten, werden von einer Staffel jüngerer Polizisten auf recht unsanfte Weise daran gehindert. Die Staatsdiener packen sie ohne große Barmherzigkeit und führen sie zu einem Kontrollorgan, der die Daten aufnimmt. In ihren Gesichtern steht Angst geschrieben.

Ein gut Teil der eingesetzten Staatsdiener ist auch gegenüber den anderen Flüchtern nicht wirklich zimperlich. Da ein Großteil Unterschichtsangehörige sind, haben die Polizisten keinerlei Sanktionen wegen ihres Vorgehens zu befürchten. Als gegen 20 Uhr ein nahendes Ende der Aktion abzusehen ist, wird die Lage in den Kontrollkreisen zunehmend entspannter. Ein mittelalterlicher Herr in vornehmen, edlen Gewändern trottet hastig, aber würdevoll dem Ausgang zu; bei der Sperre verlangsamt er seinen Laufschritt und ruft den Anwesenden irgend etwas von einem 67 A, den zu erwischen er sich genötigt fühle, zu. Zu seinem Bedauern sehe er sich außerstande, den Fahrausweis subito herauszukramen. Niemand macht die geringsten Anstalten, ihn aufzuhalten oder ihm nachzurennen.

Indessen werden zwei charismatische Sandler erwischt, die unter Zurschaustellung ihrer edlen Gesinnung lauthals grölend durch den Stationsbereich ziehen. Ein dritter trottet in Drohgebärde mit herausgestreckter Brust, die Arme cool und lässig schlenkernd, umher und macht einen publikumswirksamen Abgang. Sind die Vorurteile der Gesellschaft so stark, daß sie einer kleinen Gruppe unabhängig von ihrer Moral Schande bringen, so kann sich die Gruppe verhalten, wie sie will (vgl. Heintz 1957, 179). Bei der beobachten Razzia sind 134 Schwarzfahrer zu beklagen, was etwa dem langjährigen Schnitt entspricht. Werden die Aktionen im Hörfunk angekündigt, sinkt die Ausbeute auf knapp über fünfzig ab.

Aufgrund der mangelnden Entwertfreude sind die Transportgesellschaften in den letzten Jahren dazu übergegangen, diese überaus
schmerzhafte Methode zu ersinnen. Dabei wird ein Fahrstreifen abge-
sperrt, der Bus dockt an einen Kontrollbus an, und alle Fahrgäste drinnen werden kontrolliert; Aussteigende müssen durch den Kontrollbus
gehen, in dem ebenfalls Kontrollen erfolgen. Als die Methode über
Nacht vorgestellt wurde, gab es anfänglich Fangquoten von bis zu 70
Prozent.

Der Kontrollor

Entgegen weitverbreiteter Ansicht in Schwarzfahrerkreisen sind Kontrollorgane Menschen. Wie bereits an anderer Stelle ausgeführt, wird es dem Verfasser vom Leiter der Kontrollabteilung gestattet, eine Woche lang den Kontrollen beizuwohnen. Dabei lernt er alle Arbeitsschichten und sämtliche unterschiedlichen Verkehrsmittel kennen. Auffallend ist die Tatsache, daß die beiden Freiwilligen, die er zugewiesen bekommt, aufgrund ihrer Leistung einen eher mittleren Status aufweisen, so daß möglicherweise vom Leiter beabsichtigt werden soll, ein Bild von gemütlichen, umgänglichen und sozialen Organen zu zeichnen. Anfänglich ist der Umgang mit ihnen freundlich und höflich, daraus entwickelt sich später ein lockerer Umgangston.

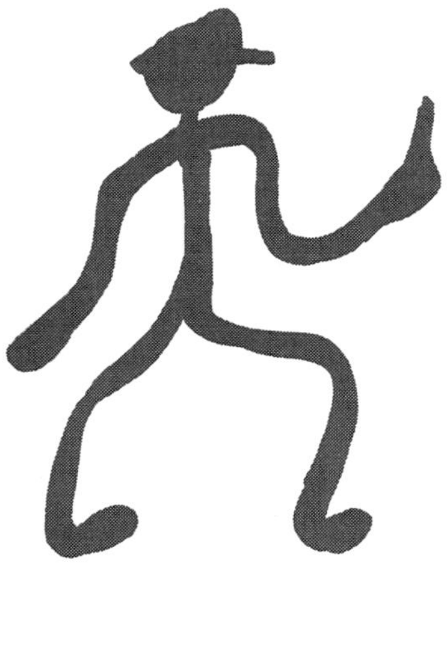

Vor der legendären „Deutschwende" im Jahre 1991 war die Kontrollabteilung eine Gruppe von Strafversetzten, „Zamgfangene", wie sie vom Volksmund zärtlich, liebevoll bezeichnet wurden. Diejenigen, die in anderen Abteilungen der Wiener Linien kläglich versagt hatten oder für andere Dienste zu kränklich waren, wurden mit offenen Armen hier aufgenommen. Ein weiterer Teil des Personals wurde aus den Berufen ausgehoben, denen über Nacht der Garaus gemacht worden war. Aufgrund ihrer Pragmatisierung mußte der Fortbestand ihrer Beschäftigung in irgendeinem Bereich gesichert werden.

Bis zuletzt hatte der Beruf des Schaffners wesentlich mehr Prestige als der eines Kontrollorgans. Ehedem waren sie die Götter in Blau, *vor einem Schaffner hat man früher fast salutiert,* erinnert sich Wolfgang Ambros wehmütig an diese für Straßenbahnbedienstete so paradiesische Zeit. Bestand früher die Hauptfunktion der Organe darin, in Verkehrsmitteln von allen wahrgenommen zu werden, so ist nach Rügen des Kontrollamtes ob des geringen Wirkungsgrades die Gangart härter geworden, weshalb ein mehr oder minder sanfter Druck auf den Kontrolloren lastet.

Werdegang des Kontrollors, Berufsstruktur

Anhand eines Lebenslaufes soll eine Musterkarriere nachgezeichnet werden. Einen Bilderbuchaufstieg hat M. Er wählt zur Tilgung seines Lebensunterhaltes den schmerzlichsten Weg der Arbeit. Nach Abschluß der Hauptschule lernt er Einzelhandelskaufmann, hernach ist er bei den Wiener Linien als Mechaniker tätig. Wer in den Genuß einer Kontrollorskarriere kommen will, muß eingangs als Straßenbahnlenker seine Dienste verrichten. Nach 19tägiger Ausbildung und einer Eignungsprüfung kann vom Fahrscheinprüfer zum Kontrollor aufgestiegen werden. Bevor er endgültig auf die Menschheit losgelassen wird, gibt es noch eine kleine Eignungsprüfung.

Der Unterschied zwischen diesen beiden Berufsklassen ist marginal. Wer weiteren Aufstieg anstrebt und für wen Tüchtigkeit nicht nur ein leeres Gerede ist, kann in Kürze in Spitzenpositionen gelangen. Auch dem Geldbörsel sind derlei Aufstiege genehm. Nach einer ausgiebigen Schulung ist man als Revisor bereits im höheren Dienst. Dieser ist in sämtlichen Bereichen für das klaglose Funktionieren der U-Bahn und Straßenbahnen verantwortlich; er ist mit einem Funkgerät ausgestattet und hat auch die Befugnis, das Personal im Betrieb zu überprüfen (vgl. Die Presse, 19. 7. 1996). Eine Überprüfung der Fahrgäste hingegen ist nur in den seltensten Fällen vorgesehen. Die Uniform ist nahezu deckungsgleich mit jener der Straßenbahnchauffeure.

Die einsamsten Gipfelstürmer erreichen noch die höchsten Ränge des glanzvollen Ausbildungsschemas, nämlich *Fliegende Revisoren, Partieführer* und den allseits heißbegehrten *Obermeister*. So mancher Kontrollor übt seine Tätigkeit nur deshalb aus, um später zum Revisor aufzusteigen. Mindestens zwei Jahre muß diese matte Betätigung durchgeführt werden, ehe das Tor zur Glückseligkeit offensteht. Da Kontrollbranchenaussteiger zu den Problemgruppen am Arbeitsmarkt gehören, die den größten Anteil an der Sockelarbeitslosigkeit bilden (vgl. Einfalt 1992, 12), wird kein schlauer Denker auf die wahnwitzige Idee kommen, seinen Pragmatisierungsvertrag zu lösen.

Die Aufstiegsmöglichkeit wird von den Bediensteten selbst als eher gering eingeschätzt. Da die Ausbildung mit einigen Mühen verbunden ist, sind die meisten der Kontrollorgane bereits jahrelang in derselben Position beschäftigt, die Fluktuation ist also überaus gering.

Verhältnis zwischen Kontrolloren

Die Kontrollorgane verstehen sich als eine große Gemeinschaft, die dadurch geeint wird, daß unter härtesten Bedingungen der Boden urbar gemacht werden muß. Ein Teil betrachtet sich auch als weise Propheten, die durch die Städte wandeln, um wieder und wieder und wieder jene zu bekehren, welche sich zu guter Letzt doch vom Entwerter abwenden. Wie auch in anderen Arbeitsgruppen durchaus üblich, sind sie alle per *du*. Aufgrund der feindlich gegen sie gestimmten Umwelt, ist ihr Zusammengehörigkeitsgefühl und das Gemeinschaftsgefühl weit stärker ausgeprägt als in anderen Abteilungen der Wiener Linien.

Unterteilung der Kontrollorgane

Hinsichtlich Kontrollgewohnheiten und Fangquoten gibt es drei verschiedene Ausprägungen bei den Organen.

DIE HARDLINER

Gut die Hälfte der Kontrollorgane sind stolze, junge Kämpfernaturen, die sich wie wilde Stiere in die Arena stürzen. Sie haben ein Kampfprogramm, das sie so lange fortführen, bis sie gewonnen haben. Sie sind stählerne Giganten der U-Bahn, Rambos, die rächend durchs Netz ziehen. Pensionisten betrachten sie als triumphale Volkshelden von wahrer Größe, die vor nichts zurückschrecken. Sie arbeiten mit sämtlichen Mitteln, um eine hohe Fangquote zu erreichen. Pro Tag gelingt es ihnen, bis zu 25 Schwarzfahrer zu erjagen, der Schnitt aller Organe liegt bei sechs. Bereits in den U-Bahnen wird mit einer Einschaltung der Exekutive gedroht, um auch die Abgebrühtesten einzuschüchtern. Im Gegensatz zu den Softlinern werden die angedrohten Schritte auch gesetzt. Wer sich auf Samtpfötchen wegzuschleichen gedenkt, dem wird mit einem sanften Händedruck verständlich gemacht, daß nur gehen kann, wer auch Geld oder Personalien herausrückt. Wem es gelingt, sich dem Würgegriff zu entreißen, dem wird geschwinde nachgeeilt. Wird einer erwischt, gelangen sie in einen Kontrolltaumel und müssen strafend weiterziehen.

Die gesamte Wirkung des Kontrollhandelns stützt sich auf Autorität. Das Benehmen der Organe ist solcherart, daß es der Umgebung Respekt einflößt (vgl. Matza 1973, 176).

Sie sind in furchteinflößender Art gekleidet, darüber hinaus ist ihre Stimme von kräftiger Natur, und kein verzagtes Piepsen dringt verloren nach draußen. Ein Teil von ihnen behilft sich mit einem Handy, mit dem die Polizei über etwaige Strolche in Kenntnis gesetzt werden kann. Sie stiefeln in Arbeitsroben umher, um nicht erkannt zu werden. Zu einer Steigerung der Quote sind sie selbst bereit, unbezahlte Überstunden zu machen. Nach Berichten von Kollegen kämen einige von ihnen zu der Einsatzzentrale, klimperten mit der Börse, und jubelten: „Heut habe ich öS 5000,– (363,4 Euro) eingenommen."

In der Metro wird ein jüngerer Fahrgast nach der Fahrkarte befragt. Dieser reicht dem Organ gelassen seine Wochenkarte, die von ihm mißtrauisch beäugt wird. Aus falsch verstandener Hilfsbereitschaft reißt der Prüfer ihm die Karte aus der Hand, schleudert sie in sein Büchlein, schnalzt es zu und verlangt forsch einen Ausweis. Der Fahrgast verfällt zunehmend in hochgradige geistige Verwirrung und erkundigt sich teilnahmsvoll nach dem Grund der Aufregung. Er bekommt als harsche Erwiderung, die Karte sei bereits seit sieben Monaten abgelaufen. Seelenruhig kramt er in seiner Tasche und reicht ihm, ohne auch mit der Wimper zu zucken, eine Fahrkarte, bei der alle Abstempelungen ihre Richtigkeit haben. Für den Schwarzfahrer sind Hardliner die unerfreulichsten Kreaturen auf Gottes Erdboden – schon der alleinige Gedanke an sie quält ihn.

DIE SOFTLINER

Diese sind bei besonderen Vorkommnissen gegebenenfalls bereit, von ihrem Kurs abzuweichen. Von einer wilden Strafwut werden sie selten gepackt. Die größte Kontrolltugend ist die Langeweile. Die Jagd nach Zwickübersehern ist ihnen kein ureigenes Bedürfnis, nach dem ihre Leiber darben. Auch dann, wenn sie stundenlang niemanden erwischen, stürzen sie nicht in eine Lebenskrise[16], da ihr weiteres Dasein sinnlos wird. Eine Steigerung ihrer relativ geringen Ausbeute wäre zwar möglich, jedoch nicht wünschenswert. Überanstrengung während der Dienstzeit ist tunlichst zu vermeiden.

16 Im Leben muß immer von der größt anzunehmenden Dysfunktion ausgegangen werden.

Aufgrund einer Rollendistanz wird weniger streng vorgegangen. Erving Goffman versteht darunter die wirksam ausgedrückte, betonte Trennung zwischen dem Individuum und der zugemuteten Rolle.

Tatsächlich verleugnet es nicht die Rolle, sondern das mögliche Selbst und die Rollenerwartungen, die daran geknüpft sind (vgl. Goffman in Steinert 1973, 265). Der Auslöser für diese Rollendistanz ist die Abneigung und der Widerstand gegen die auferlegte Rolle.

Die Hardliner stehen bei ihnen in der Beliebtheitsskala an unterster Stelle, vor allem weil sie das Gesamtleistungsniveau vor dem Leiter anheben und als unsozial gelten.

DIE SOFT-SOFTLINER

Selbige würden keinem Mäuslein etwas zuleide tun und sind doch Kontrollorgane geworden. Aufgrund dieses Mißverhältnisses verweilen sie geknickt in den Bahnen, und ihre gütigen Augen blicken traurig nach draußen. Für die meisten von ihnen steht Gemütlichkeit an oberster Stelle. Sie sitzen stundenlang frohmütig in den Straßenbahnen, ohne auch nur ein einziges Mal zu kontrollieren. Manche von ihnen geben grölend muntere Kontrollorslieder zum besten, so daß man annehmen könnte, sie seien Angehörige eines Männergesangvereins. Ihre Pragmatisierungsverträge haben sie unter dem Arm geklemmt. Der Traum nach einer wirklich „leiwand Hackn" ist Wirklichkeit geworden.

Mit den Schwarzfahrern kommen sie am besten zurecht, weil sie selbst alle einmal welche waren. Sie werden von ihnen wohlwollend als „Schafe im Kontrollpelz" bezeichnet. Sowohl von den Hardlinern als auch von den Softlinern hingegen werden sie verächtlich gemustert, weil sie als arbeitsscheu und „Obizahrer" gelten. Ihre maximale Fangquote liegt bei drei Nichtzwickern pro Tag. Auch bedingt durch das Alter und das Geschlecht gibt es spezifische unterschiedliche Verhaltensweisen der Kontrollorgane:

Die jüngere Generation ist mit ihrer Rolle noch nicht ganz vertraut und hat noch die Fähigkeit, ihre Tätigkeit auch von der anderen Seite

zu betrachten, was zu einer gewissen Gelassenheit führt. Ihre natürliche Verspieltheit läßt sie auch gelegentlich ausbrechen. Ihr größter Anteil findet sich bei den Softlinern.

Die Gründergeneration

Angehörige der älteren Generation haben wenigstens fünfzig Jahre auf dem Buckel. Das wichtigste Unterscheidungsmerkmal zu den anderen ist, daß sie mit Schaffnerdiensten begonnen haben, ihr Brot zu verdienen. In der Frühzeit ihres Wirkens als Schaffner galt ein Schwarzfahrer als Habenichts und Taugenichts. Diese frühheidnischen Vorstellungen, daß die Schwarzfahrt keineswegs als Kavaliersdelikt abgetan werden darf, reichen bis in die Gegenwart. Aufgrund ihrer anderen Sozialisation als Schaffner sind sie wesentlich gestrenger bei der Kontrolle als die anderen.

Frauen werden seit 1993 mit einigem Erfolg als „Wunderwaffe" eingesetzt. Bei vielen Nichtzwickern hat es sich noch nicht herumgesprochen, daß auch weibliches Personal eingesetzt wird, weshalb ihre wachsamen Blicke nicht auf sie gerichtet sind. Erstaunlicherweise sind sie fast immer der Gruppe der Hardliner zuzuordnen. Sie sind bei Kontrollen noch erbarmungsloser und grausamer als Männer.

Aufstieg, informelle Hierarchie

Weiterhin der wichtigste Wegbereiter auf dem steinigen Pfad nach oben ist die Fangquote. Wer innert kürzester Zeit die größte Zahl an Zwickverächtern zu einer Zahlung veranlaßt, weidet seine Schäfchen an einem fruchtbaren Ort, kann sich vor Prestige kaum retten, und sein Marktwert klettert in schwindelnde Höhen. Bereits das oftmalige Ausfindigmachen von gefälschten Ausweisen ehrt das Organ. Nach einer Erfolgswelle reagiert es mit unverhohlener Begeisterung.

Munteres Streben nach Erfolg läßt die Gunst bei den anderen ins Unermeßliche steigen. Aber auch kleine Zusatzkenntnisse erleichtern den Aufstieg ungemein. Es erweist sich als günstig, von irgendwelchen Gesetzestexten zumindest von Dritten oder Vierten schon gehört zu haben, um im richtigen Moment das Falsche zu zitieren, um zumindest irgend etwas von sich zu geben. Da es die heimliche Liebe des Straßenbahnfahrers ist, immer in Kurven Vollgas zu geben, erweist es sich als günstig, den Greifreflex soweit unter Kontrolle zu haben, daß man sich nicht auf Fahrgäste, Blindenstöcke und räudige Hunde krallt, um einen freien Fall abzuwenden.

Es ist weiters dem Status des Kontrollors förderlich, wenn er im Beamtenapparat aufgeht, Verordnungen sein Leben bedeuten, er im Geist neue Verordnungen austüftelt oder Gesetzestexte mit eigenen Kommentaren verfeinert. Jedoch nicht immer ist eine besondere Gesetzestreue mit Loyalität gleichzusetzen; ein Student, der dieser Tätigkeit als Sommerbeschäftigung nachgeht, wird Zeuge eines kleinen Gerangels zwischen zwei Arabern. Zwei Polizeibeamte werden zu Hilfe gerufen. Da über jeden noch so kleinen Vorfall mit einem eigenen Formblatt die Stammeshäuptlinge aufgeklärt werden müssen und das Gesagte „so wörtlich wie möglich" niedergeschrieben werden soll, kommt er der Aufforderung liebend gerne nach und verfaßt sie in arabischer Sprache. Auch Geschick im Umgang mit den Untertanen ist eine Tugend, die den raschen Aufstieg sichert. „Das Volk ist einfach", erklärt ein Kontrollorgan verständnisvoll.

Konkurrenz

Die Konkurrenzkämpfe zwischen den Angestellten werden eher auf spielerische Art und Weise und nicht auf der Blutwiese ausgetragen. Nicht nur in den Kleingruppen, die gemeinsam unterwegs sind, gibt es untereinander Wetteifer und Brotneid, sondern auch zwischen den Gruppen. Es wird nicht erstaunen, daß bei Regen eine Arbeit in den U-Bahnen von allen bevorzugt wird, weshalb es bei der Einteilung der Fahrtstrecke zu Rivalitäten kommt.

Vom harten Brot des Kontrollors

Auch ein Kontrollorgan sitzt nicht nur auf der Schokoladenseite des Lebens. Bei wildem Wetter ist er erbarmungslos den Unbilden der

Witterung ausgesetzt; in Stationen ohne Schutzdächer kritzelt er kryptische, rätselhafte Zeichen auf sein Blatt Papier, deren Entzifferung später ein Heer von Ägyptologen vor unbezwingbare Rätsel stellt. Auch an Wintertagen wird verständlicherweise die Tätigkeit in den klimatisch begünstigteren U-Bahnstationen den eisigkalten Straßenbahnhaltestellen vorgezogen.

Der Fahrscheinprüfer schuftet viel, aber er weiß, warum. Da bei jeder Kontrolle Wagennummer, Anzahl der kontrollierten Fahrgäste, Datum, Zeit, U-Bahn-Linie, Station, Richtung sowie Anzahl der kontrollierten Fahrgäste und Schwarzfahrer in eine Liste eingetragen werden muß, stellt ein gut Teil des Jobs langweilige Schreibarbeiten dar, der Kontrollor trägt sein Kreuz. Wenig geschätzt wird auch, daß man als Fahrscheinprüfer gegenüber allen Fahrgästen pflichtschuldig, galant und ehrerbietig auftreten muß, auch wenn man selbst nicht immer Zartgefühl erfährt. Das Organ hat laut Lernbehelf ein „stets höfliches, aber entschiedenes Verhalten" an den Tag zu legen, darüber hinaus „taktvoll, zuvorkommend, wenn auch bestimmt, vorzugehen".[17]

Sich mit mitunter wenig erfreuten Fahrgästen herumzuplagen, wird als große Mühsal betrachtet. Manfred P. runzelt seine mit Falten durchzogene Stirn: „Der Großteil der Fahrgäste macht sich ein Feindbild gegenüber dem Kontrollor." Es nimmt nicht wunder, daß ein Großteil der Organe die zu weiche Gesetzgebung bemängelt, bei der sie mehr Aufgaben als Befugnisse wittern. Alle ihre Handlungen und Greueltaten werden von zahllosen Schaulustigen fortwährend einer Bewertung unterzogen, sie stehen oft genug im Kreuzfeuer der Kritik. Im ganzen Waggon erschallt ein Hohnlachen, wenn es einem Nichtzwicker gelingt, über die Hintertüre zu entwischen.

Der Beruf ist mit einem permanenten Rollenkonflikt verbunden; wird sozial vorgegangen und bei Schwarzfahrern vom Einheben des erhöhten Entgeltes abgesehen, so stehen Kontrollore zwar vor den Fahrgästen gut da, die Fangquote – und damit das Prestige bei den Kollegen – sinkt aber. Warten im Godotschen Sinne endet fast immer unrühmlich.

17 Lernbehelf für Kontrollorgane und Fahrscheinprüfer. Ausgegeben von den Wiener Linien.

Des Nachts ertappen zwei Kontrollorgane in den Außenbezirken zwei Nichtstempler. Der eine überläßt den Prüforganen seine Adresse, der andere führt an, daß er über kein Bargeld verfüge, aber mit der Bankomatkarte eines beschaffen könne. Beim unmittelbar vor der Haltestelle postierten Bankomat ist die Geldbeschaffung nicht möglich, weshalb er einen anderen aufsuchen will. Nur bei Automaten seiner Stammbank sei Behebung möglich. Für die beiden Kontrollore ist seine Geschichte jenseits von Gut und Böse, aber eher bei Böse. Er nimmt die Nummer der Bankomatkarte auf. Im Gehen meint der Schwarzfahrer noch augenzwinkernd, es könne etwas länger dauern, nutzt die Gunst der Stunde und ward nicht mehr wiedergesehen. Die beiden warten eine runde halbe Stunde, zuerst bleibt noch sein treuer Begleiter, dieser beteuert, daß er sicher kommen werde, schenkt ihnen Worte des Trostes und heißt sie hoffen. Die Nacht wird bitter kalt, schließlich ziehen die beiden Organe ein Schnoferl und ziehen wehklagend weiter.

Überaus ungern wird in den Bezirken der Arbeit nachgegangen, in denen vorwiegend Angehörige der High Snobiety residieren. „Bei de Gstopft'n muaß ma wahnsinnig aufpassen", unkt Andreas L. und wittert hereinbrechendes Unglück. Oftmals verfügen sie über fundierte juristische Kenntnisse, ihr Sprachfluß kommt auch durch die übernächste Floskel nicht zum Erliegen, sie haben große Beschwerdemacht und sitzen gesellschaftlich am längeren Ast. Erschwerend kommt hinzu, daß sie im Gaukelspiel der Worte aufgrund der gehobenen Ausdrucksweise haushoch überlegen sind. Die negativen Spitzenpositionen in den Unbeliebtheitsrängen nehmen die Rechtsgelehrten ein (vgl. Feest, Lautmann 1971, 83), denen mit einer kurzen Tändelei nicht beizukommen ist; ein aus Unvorsicht locker hingeschmissener Gesetzestext wird mit einer peniblen Aufzählung von Paragraphen mit völlig gegensätzlichen Vorschriften, gespickt mit namentlich genannten Verordnungen, Erlässen und neuesten Erkenntnissen des OGH, erwidert.

Ähnliche Unfreude kommt im Umgang mit Studenten auf. In Kontrollkreisen heißt es, daß viele Studenten es sich mit Hilfe des einflußreichen Papas richten könnten und daher die Strafe nicht zu zahlen hätten. Aber auch mit dem semiprofessionellen Schwarzfahrer ist der Umgang schwierig, da sie über alle Rechte bestens aufgeklärt, sämtliche Spielarten der Täuschung innig beherrschen und in kürzester Zeit wegsausen. Das Organ selbst betrachtet sich als einer, der als Prediger durch die gewaltverherrlichende Welt der Nichtzahler zieht. Wer den Zwickautomaten verabscheut, verabscheut auch die Menschheit selbst. Für ihn sind die Maschinenstürmer von gestern die Zwickmaschinenverächter von heute.

Tatsächliche tätliche Angriffe auf Kontrollorgane findet man selbst in der Boulevardpresse überaus selten. In Ottakring soll ein erboster Schwarzfahrer eine Balgerei angezettelt haben. In Kontrollorskreisen wird die folgende Erzählung verbreitet, die wohl auf eine wahre Begebenheit zurückgeht. Ein erzürnter Fahrgast soll die Frage nach dem Fahrausweis mit dem Auspacken eines Kracheisens und den Worten „Loß mi gehn, oda i blos die nieda" beantwortet haben. Zumindest vermuten wir, daß die Organe von der Einhebung des erhöhten Fahrpreises absahen. Zur Erhöhung des eigenen Sicherheitsempfindens mustern die Kontrollore vorbeifahrende U-Bahn-Waggone nach potentiellen Unruhestiftern, um nicht im selben Waggon einzusteigen.

Auf der anderen Seite sind nicht alle gesetzten Kontrollorshandlungen Inbild des Sanftmutes. In der gerammelt vollen U-Bahnstation Kettenbrückengasse gibt ein Ertappter den Prüfern mit den Worten „I have no adress" zu verstehen, daß er keinerlei Interesse an einer wie immer gearteten Zahlung habe. Um seinen Worten Nachdruck zu verleihen, beginnt er leichten Fußes davonzueilen. Die beiden Kontrollorgane, die wie schwere Burschen wirken, eilen ihm in Windeseile nach. Aufgrund der zahlreich anwesenden Wartenden, gelingt es ihnen, ihn einzuholen. Sie stürzen sich auf ihn, halten ihn unbarmherzig fest und versuchen ihn an der Flucht zu hindern. Nach einem kurzen Gerangel gelingt es dem Schwarzfahrer doch noch, sich seiner Zahlpflicht zu entziehen.

Kontrollor und Stigma

Der Begriff Stigma rührt von den Griechen her; sie schnitten oder brannten Zeichen in die Körper von Personen ein, um für alle sichtbar zu machen, daß sie Sklaven oder Geächtete seien, die, auf welche Weise auch immer, in Ungnade gefallen waren. Diese Bezeichnung wurde von der Soziologie, allen voran von Goffman, übernommen. Er geht davon aus, daß in der Vorstellung anderer Personen die stigmatisierte Person „von einer ganzen und gewöhnlichen Person zu einer befleckten, beeinträchtigten herabgemindert" wird (Goffman 1996, 11). Zu den wenigen Wohlgesinnten gehören diejenigen, die dieses Stigma teilen, zu Beginn der Berufskarriere steht daher die Eingliederung in die Minderheitengruppe, die Schutz und Sicherheit bietet.

Da bereits jeder in den beabsichtigten oder ungewollten Genuß einer fahrscheinfreien Fahrt gekommen ist, werden sämtliche auftauchenden Prüforgane automatisch zu Feinden gestempelt. Je entschiedener und energischer die Kontrollen durchgeführt werden, um so mehr werden für den Fahrgast die Prüfungen als zwanghaft und freiheitseinschränkend erlebt, auch dann, wenn er ein schmuckes Billett sein eigen nennt. Nächtens werden aufgrund dessen mitunter kleine private Rachefeldzüge gegen Fahrscheinprüfer gestartet, indem etwa Reifen wegen technischen Versagens plötzlich ihren Geist aushauchen, ein erster Anzeiger für den extrem schlechten Ruf eines ganzen Berufsstandes.

Manfred P. erinnert sich an die erquickliche Zeit als Straßenbahnfahrer; als er Ausschau nach einer Gespielin gehalten habe, hätten ihm ein Heer von bezaubernden Maiden schöne Augen gemacht, einmal sei es gar zu einem Treffen gekommen. „Als Kontrollor passiert dir das nie im Leben!" Wird er von irgendwelchen Neubekanntschaften befragt, welchen Beruf er ausübe, führt er an, er arbeite in der Verkehrsbranche. Nach seinem Bedünken fällt die Beurteilung durch Dritte damit noch am günstigsten aus. „Wegen der großen Belohnungen, die die Tatsache als normal betrachtet zu werden, mit sich bringt, werden fast alle Personen, die die Möglichkeit haben, zu täuschen, dies auch bei irgendeiner Gelegenheit absichtlich tun" (ebd., 96).

Daß die Rolle niemals wirklich abgestreift werden kann, zeigt die folgende Begebenheit; als ein Bediensteter in der kostbarsten Zeit des Jahres im sonnendurchfluteten Caorle auf einem Strand gerade in voller Wonne im Begriff ist, genüßlich ein erquickendes Bad in den rauschenden Wogen zu nehmen, setzt das zynische Gebrüll eines freundlichen Wieners: „Aha, da Herr Kontrollor is a do", dem Gaukelspiel rasch ein Ende. Da die letzten Kontrollen auf dem Heimweg erfolgen, ist der Prüfer in seinem Wirkungskreis bestens bekannt, was dazu führt, daß auch im nächsten Nah & frisch bei seinem Auftauchen die Lustigen in ein höhnisches Gelächter ausbrechen, die Traurigen in ein betretenes Schweigen verfallen, solange er unter ihnen weilt.

Aus diesem Grund werden die gelegentlichen Kontrollen in Uniformen den Zivilkontrollen vorgezogen; in diesem Fall ist er später in Zivil zumindest nicht aufgrund seiner Bekleidung für jedermann erkenntlich. Auf der anderen Seite wird sehr geschätzt, daß er in Zivil nicht ständig von den Blicken der Fahrgäste durchbohrt wird, weshalb er etwas kontemplativer unterwegs sein kann.

Verlockung, Ruf des Kontrolltums

Andreas L. nennt als größte Verlockung des Kontrolldaseins das Kennenlernen immer neuerer Teile der Stadt; erst dann, wenn alle 4322 Stationen in Wien bekannt sind, schwindet dieser Kitzel allmählich. Gesellige, umgängliche Personen schätzen, daß sie sich hier in einem Beruf verwirklichen können, bei dem sie mit Menschen zusammenarbeiten. Menschliche Geschöpfe und ihre Schicksale sind ihr Leben.[18]

Andere reizt das Dasein als Abenteurer auch dann, wenn die einzigen Bewunderer in den eigenen Reihen zu finden sind. Ein weiterer Vorzug der Beschäftigung liegt darin, daß man nicht unmittelbar den Vorgesetzten im Nacken verspürt. Die erfreulichsten Arbeitsplätze sind die Außenbezirke. Tief im zweiten Hieb[19] stellen Kontrollorgane, aufgrund des zumindest gleichen oder höheren Bildungsniveaus, eher natürliche Autoritäten dar als anderswo. Hier können sie selbst einen lockeren Umgangston wählen, da ihre Machtposition nicht in Frage gestellt wird.

Die angenehmsten Zeitgenossen sind jene, die aus dem Erwischt-

18 Sozialarbeiter als Einstiegsberuf ist jedoch rar gesät.
19 Volkstümliche Bezeichnung für Wiener Gemeindebezirk.

werden keine große Szene machen und umgehend das Börsel zucken, um die Schuld an Ort und Stelle zu begleichen. Großen Respekt wird auch den Pensionisten gezollt, die rührend darum bemüht sind, ihnen alle Ehre zu erweisen. Sie sind höflich, zuvorkommend und von höchster Gesittung, verfügen aber zum Leidwesen der Kontrollore fast immer über Fahrscheine.

Kontrollehre, Wettbewerb zwischen Organ und blindem Passagier

Oberstes Gebot ist der Kampf gegen das Schwarzfahrertum. Für das Kontrollorgan kommt überwältigende Freude auf, wenn es einen Schwarzfahrer ausfindig machen kann und mit sanfter Gewalt zu einer Zahlung drängt. Einen Pensionisten, der nach siebzig Jahren redlichen Fahrscheinerwerbes einmal einen Erinnerungsschwund erleidet und nicht stempelt, zu schnappen wird zwar unter den Organen von niemandem beweint, jedoch auch nicht unter die großen Heldentaten gereiht. Hingegen von den hochangesehenen Koryphäen der Schwarzfahrt, die Schwarzfahrerkongresse abhalten und Schwarzfahrertelefonnotrufdienste gründen, wenn auch nicht das erhöhte Beförderungsentgelt zu erhalten, ihnen aber zumindest ein nachdenkliches Kopfschütteln abzuringen, ist die größte Freude seines Wirkens. Bereits das Nicht-Erkannt-Werden durch einen Schwarzfahrerprofi löst einen Glückstaumel aus.

Die gänzlich unterschiedliche Interessenlage zwischen Fahrscheinprüfern und Nichtzwickern führt zu einem Wettbewerb, bei dem sich die Gegenspieler gegenseitig anstacheln. Die kleinen Siege, die sie erringen, werden mit phantastischen Details angereichert und finden in einem reich ausgeschmückten, heldenmütigen Erzählgut Ausdruck: Seitens der Schwarzfahrer wird oft die Konversation nur in Englisch geführt. Ein Student, der dergestalt vorgeht, zeigt bei der Polizei plötzlich einen österreichischen Ausweis und spricht akzentfrei Deutsch. Ein Schwarzfahrer sprintet in Höllentempo auf den Ausgang zu. Dort angelangt, rennt er zurück und ruft: „Da ist Polizei und dort, ich zahle lieber gleich!"

Sprache

Bei den Fahrscheinprüfern selbst findet sich nur ein sehr kleiner Wortschatz; aus diesem Grunde ist ein Teil des Sprachgebrauches aus dem Straßenbahnbereich entlehnt.

- *Zettelreißer oder Zettelzupfer:* Verächtliche Bezeichnung für die Hardliner, die nur darauf bedacht sind, eine möglichst große Anzahl von Strafzetteln an die blinden Passagiere zu verteilen.
- *Dackerl:* Dienstbericht, Herkunft strittig.
- *Latte:* Dienstplan. Die Bedeutung rührt daher, daß im Chefzimmer eine nach oben weisende lange Holzleiste angebracht ist, die nicht ausschließlich als Fruchtbarkeitssymbol dienlich ist, sondern auf der die Namen der Einsatzgruppen aufgesteckt sind; jede Woche rücken sämtliche Beteiligten eine Stufe empor.
- *Breslmühl':* Die älteren Straßenbahnen sind mit einer riesigen Drehbremse ausgestattet; erkenntlich am ohrenbetäubenden Quietschen, das selbst gänzlich taube Hunde in einem Kilometer Entfernung verschreckt aufjaulen läßt. Sie erhielt die ehrfurchtsvolle Bezeichnung Bröselmühle, weil sie im Aussehen starke Ähnlichkeiten aufweist.

Rechtfertigung

Das schlechte Gewissen lastet auch auf der Seele des Fahrscheinprüfers, selbst dann, wenn sein Vorgehen sanft wie der Flügelschlag eines Täubchens ist. Die strafende Tätigkeit wird von vielen als geistige Belastung empfunden. Vor allem, wenn anmutige, liebreizende Frauen mit wärmenden Blicken zu einer Zahlung angehalten werden müssen, schmilzt die eigene Standhaftigkeit dahin wie Eis in der warmen Frühlingssonne, und es hagelt verständnisvolle Erklärungen. Auch beim Zusammentreffen mit anderen wohlgelittenen Personen wird das eigene Tun rechtfertigungsbedürftig. Es wird angeführt, daß durch schwarze Schafe der Transportgesellschaft Erträge in Millionenhöhe entgingen, mit Hilfe derer das öffentliche Netz besser ausgebaut werden könnte.

Eine weitere häufige Legitimierung des Handelns der Kontrollorgane erfolgt damit, daß sie auf diese Art ihr Brot verdienten: „Die anderen zerstückeln Leichen, wen kümmert's?" Irgendeine Form der Beschäftigung muß jeder verrichten. „Henker, die auf Fragen über ihren Beruf angeben, Töten emotional anziehend zu finden, werden diese Erklärung wahrscheinlich nicht sehr gern akzeptiert bekommen. Tatsächlich wird von abstoßenden Aufgaben oft angenommen, daß sie eine heimliche aber unzulässige Anziehung haben, und daher achten Leute, die sie regelmäßig ausführen, häufig drauf, ihre Verpflichtung zu der Aufgabe, nicht aber irgendwelche Bindung an sie zu betonen" (Scott, Lymann in Steinert 1973, 307). Mit der Zeit erfolgt eine Abstumpfung, die Organe werden apathisch und teilnahmslos gegenüber ihrer täglichen Arbeit und ergeben sich ihrem Schicksal.

Brauchtum; ein Sittengemälde des Kontrolltums

Die Gebräuche im Vorgehen entstehen durch Vorschriften aus der Chefetage, eigenen Lebensstilen, die sich aus der Erfahrung gründen, und Normen der Gruppe der Kontrollorgane, die aufgrund von Sozialisation angeeignet werden. Es ist kein IQ von über 150 erforderlich, um in Kürze zur Erkenntnis zu gelangen, daß nach der Adreßaufnahme eines Schwarzfahrers im Stationsbereich zumindest erst in die nächste Straßenbahn eingestiegen werden kann, da man sonst genausogut mit Megaphon seinen Beruf durchgeben könnte. Bei der Verwendung des eigenen Handys in den Verkehrsmitteln hat sich bei einlangenden Anrufen die Grußformel „Botanovic, Kontrollabteilung" ebenso nicht bewährt.

In psychologischen Schulungen wird gelehrt, daß Fahrscheinprüfer keinerlei Unrast zeigen dürfen, weil dies die Fahrgäste in Panik versetzen und in Angstschweiß ausbrechen lassen würde. In den Straßenbahnen werden die hinteren Waggone bevorzugt, da dort die Wahrscheinlichkeit, auf einen Nichtzahler zu stoßen, deutlich erhöht ist. Ausgesucht werden die hinteren Plätze, da diese einen phänomenalen Überblick gestatten. Gewiefte Schwarzfahrer begeben sich aus denselben Gründen auf diese Sitze, nehmen die Aufforderung „Überlasset den Älteren die Plätze" etwas zu ernst und bieten den Organen nicht nur den Sitzplatz, sondern den gesamten Waggon an. Sind die Fahrscheinprüfer zu zweit, nehmen sie auf den vordersten sowie auf den hintersten Sitzen Platz, zu dritt übernimmt jeder einen Ausgang.

Von den Fahrscheinprüfern werden nicht immer die Plätze nebeneinander eingenommen. Die beliebtesten Stellungen sind die Sitz-, Kauer- oder Liegestellung. Die Funktion des Knotzens auf den Sitzen besteht einerseits in der Revierabgrenzung gegenüber Sitzplatzsuchern, andererseits um sich von den Gewöhnlichen nicht zu unterscheiden. Durch das Lümmeln wird zum Ausdruck gemacht: Ich bin wie ihr.

Um das Wesen eines Sportsmannes zum Ausdruck zu bringen, ist es üblich, sich salopp an der Wand anzulehnen. Neuerdings ist es en vogue, erst nach zwei bis drei Stationen mit der Kontrolle zu beginnen.

Die bewegendsten Höhepunkte eines Kontrolldaseins bilden Ereignisse, bei denen es zu einer Trefferquote von 100 Prozent kommt. Die höchste Anzahl von Fahrgästen ohne gültige Ausweise, ergeht sich Manfred P. in süßem Frohlocken, hatte er vor einigen Jahren, als nicht weniger als 17 Schwarzfahrer in einem Straßenbahnwaggon ertappt wurden. Es handelte sich um Touristen, die zu seiner Freude alle zahlungswillig waren und umgehend alles bar beglichen. Ist die Kontrolle nicht innerhalb einer Station abgewickelt, wird abgebrochen, da kein noch so naiver Schwarzfahrer in seiner Bravheit beim ersten Öffnen der Türe ruhig sitzen bleibt und weiterfährt.

In den U-Bahnen gibt es keine bevorzugten Waggone. In Waggonen mit geringem Personenaufkommen steigen zwei Organe in zwei verschiedene Wagen ein und treffen einander später wieder. Schlagen allerdings die Abmachungen, wann ausgestiegen werden soll, fehl, irrt einer stundenlang durchs Netz wie ein verirrtes Rehlein, ehe er den teuren Kollegen wiedertrifft. Wie eingangs erwähnt, besteht eine Wiener Besonderheit darin, daß sich die Kontrollore in den U-Bahnstationen hinter baulichen Abtrennungen verstecken, um nicht gesichtet und erkannt zu werden – eine moderne Form des Unsichtbarmachens. Jeder verdingt sich in einem Kontrollbezirk, innerhalb dessen die Fahrtstrecke vom Chef vorgeschrieben wird. Ein Wechsel der Rayone erfolgt nur sehr gelegentlich.

Die Kontrollen erfolgen in drei unterschiedlichen Arbeitsschichten von 5 Uhr morgens bis o Uhr 30. Zum Arbeitsbeginn und am Ende werden jeweils jene Verkehrsmittel kontrolliert, die auf dem Weg zur Wohnstätte liegen. Auf diesen Stellen sind selbstverständlich die Organe jedem bestens bekannt, weshalb sich sämtliche Schwarzfahrer rechtzeitig aus dem Gefahrenbereich entfernen. Wie im Beamtenapparat österreichweit durchaus üblich, werden bei Arbeitsende dergestalt pünktlich die Rolläden heruntergelassen, daß man eine Atomuhr danach stellen könnte.

Die Wachstubenfrage

Wird in den Verkehrsmitteln jemand ertappt, der über keinen Ausweis verfügt, so wird mit dem gemeinsamen Aufsuchen des Wachzimmers gedroht, was gelegentlich dazu führt, die grauen Zellen wieder etwas aufzufrischen, um zumindest irgendwelche Adressen zu erhalten. Diese Drohungen werden immer in der Öffentlichkeit gemacht, da sie als stummer, beistandsleistender Zeuge aufgerufen ist. Aufwieglerischen Mitverschwörern wird versucht, den Wind aus den Segeln zu nehmen. Gegenüber den Anwesenden wird ein Zeichen gesetzt: „Wir tun etwas."[20]

Nur in überaus seltenen Fälle wird mit dem blinden Passagier die Wachstube tatsächlich aufgesucht, da dieser Vorgang extrem zeitaufwendig ist. Auch die Beamten in den Wachstuben vertreiben sich in österreichischer Gemütlichkeit ihre Zeit lieber mit Kartenspiel und Gesang, als daß sie den ganzen Tag warten, bis ein munterer Fahrscheinprüfer des Weges kommt und sie von ihrer Langeweile befreit. Bei einer Meldeauskunft in den Wachstuben selbst wird der blinde Passagier nach Name und Adresse befragt. Da es dem Schwarzfahrer anheimgestellt ist, ebenso die Adresse seiner verhaßten Privatfeinde anzuführen, wird mit einer kleinen Fangfrage, seit wann die Meldung vorliegt, der Wahrheitsgehalt überprüft.

20 Wenn auch nicht für Sie, falls Sie fahrscheinfrei unterwegs sind.

Besoldung

Der Lohn von Kontrollorganen bei den Wiener Linien war ehedem eher mit einem Almosen vergleichbar, weshalb sie mit dem Versprechen einer raschen Pragmatisierung geködert wurden. Sie waren bisweilen genötigt, als Bettgeher[21] zu nächtigen und waren an den einfachen Kleider-Bauer-Mänteln für den blinden Passagier leicht erkennbar. Heute hat sich die Bezahlung weitgehend normalisiert, sodaß bereits viele Angestellte diese Beschäftigung anderen vorziehen. Das mittlere Monatseinkommen liegt bei fast öS 14.000,– (1017,4 Euro) netto, bei frisch Angeheuerten knapp darunter. Davon abgezogen wird eine Netzkarte, die für alle Bediensteten der Wiener Linien Pflicht ist. Selbst ein Straßenbahnfahrer, der in der Freizeit alle Fahrtstrecken mit dem Privatauto zurücklegt, muß dafür bezahlen, daß er im Dienst die Straßenbahn benützt. Eine zusätzliche kleine Fangprämie erhöht die Motivation nur wenig; selbst der Leiter der Betriebsüberwachung winkt mit einer müden Geste ab: „Um 8 Schilling 50 (0,61 Euro) reißt ma sich sicha kan Haxn aus!" Die Fangprämie ist bewußt niedrig gehalten, um den Kopfgeldjägereffekt zu schmälern. Da man darauf nicht angewiesen ist, wird eine soziale Vorgangsweise ermöglicht.

Bakschisch

Die andernorts weitverbreitete Methode, gegen eine milde Gabe (Bakschisch) die amtshandelnden Götter günstig zu stimmen, so daß sie im Gegenzug ihrerseits von kleinen Unannehmlichkeiten (Geldbuße, Gefängnisstrafe u. v. a. m.) absehen, hat sich in tu felix austria in dieser offenen Form bislang nicht durchsetzen können. Auch die gattungsgleichen Kontrollore gelten hierzulande als unbestechlich. Sie mit einem Hunderter kaufen zu wollen, wäre daher vergeblich.

---

21 Im Duden findet sich der Hinweis, daß darunter ein Schlafgänger, also ein Mieter einer Schlafstelle zu verstehen ist. Vgl. Duden, Deutsches Universalwörterbuch A–Z, 3. Aufl., Mannheim 1996, S. 250.

Um dieser Versuchung leichter zu widerstehen, ist eine eigene Gruppe von Spähern eingerichtet worden, die den Kontrollor kontrollieren. Selten genug kommt es vor, daß aus überschwenglicher Dankbarkeit die Fahrscheinprüfer mit Trinkgeldern bedacht werden. Nicht einmal jene harmlosen Anerkennungszahlungen dürften nach dem Buchstaben der Verordnung vom Kontrollorgan einbehalten werden, sondern kommen in Form von Spendengeldern der Transportorganisation zustatten. Es geht die Mär von einem Jüngling um, der in die Tasche griff, um dem erstaunten Organ einen Fünftausender zu überreichen: „Gevatter, das alles ist Euer!" Das Feilschen eines Schwarzfahrers um eine kleine, private Sonderermäßigung, weil drei seiner Halbschwestern über insgesamt nur eine Karte verfügen, wovon eine zwar nicht schwanger, sich aber im gebärfähigen Alter befindet, ist häufig. Weit weniger oft geschieht es, daß der Kontrollor aus Rührung in Tränen ausbricht und den Mengenrabatt gewährt.

Der Verdacht

Das wichtigste Steuerelement für das Kontrollhandeln bildet der Verdacht. Nur bei entsprechenden Verdachtsmomenten werden Fahrgäste einer genauesten Kontrolle unterzogen oder erfolgt eine Adreßüberprüfung der erwischten Nichtzahler. Ersten dumpfen Vorahnungen über mögliche unwahre Adreßangaben kann im Hauptquartier auf ihre Richtigkeit nachgegangen werden. Mit den Jahren entwickeln Organe ein Fingerspitzengefühl, welche Adressen wahr sind oder dem Reich der Phantasie entstammen. Das Prinzip Hoffnung ist in dieser Branche eine vernachlässigbare Größe. Zeige mir deinen Ausweis, und ich sage dir, wer du bist, sagt ein altes flämisches Sprichwort in leicht abgewandelter Form.

Dem Verdacht kommt eine weitere wichtige Bedeutung insofern zu, als nur in Waggone eingestiegen wird, wo eine Unzahl von Nichtzwickern zu erwarten ist. Ebensowenig wie es keine sichtbaren Unterschiede zwischen Nichtzahlern und Zahlenden gibt, unterscheidet sich der ehrliche Schwarzfahrer – mit Zahlabsichten nach dem Erwischtwerden – scheinbar durch nichts vom Adreßschwindler. Deshalb muß sich der Kontrollor ein allgemeines Bild von Schwarzfahrern und ihrem Verhalten machen, um Verdächtige einer genauen Überprüfung zu unterziehen (vgl. Feest, Lautmann 1971, 72). Ein paar Anhaltspunkte seien im folgenden angeführt.

VERDÄCHTIGE LINIEN

Betrachtet man die Schwarzfahrerquote in den einzelnen Linien, so finden sich extrem unterschiedliche Werte. Sündenbabel unter den Straßenbahnen in der Donaumetropole sind die Linien 5 und 9, in denen seit Ewigkeiten die durchschnittlich höchste Quote zu beobachten ist. Ohne Frage kann sich diese rasant ändern; wir können den gewogenen Leser in tröstliche Gewißheit versetzen, daß in Kürze nähere Einzelheiten folgen mögen.

Bei den U-Bahnen liegt die U 2 für Schwarzfahrer erfreulich gut im Rennen, knapp gefolgt von der U 3. Glaubwürdigen Berichten zufolge werden diese Linien auch entsprechend häufig von den Organen aufgesucht.

Kurz nach der Jungfernfahrt gab es in den ersten Nachtbussen zaghafte zwanzig Prozent Schwarzfahrer, wenig später sollte diese Zahl auf ein Drittel hinaufschnellen. Als Reaktion auf die ersten Schaudermeldungen wurden die Kontrollen umgehend verdoppelt. Die niedrigste Quote wienweit hat die Linie 62. Selten, daß sich in dieses unwirtliche Gebiet jemals ein Fahrscheinprüfer verirrt. Der Leiter der Kontrollabteilung, Deutsch, geht von der Annahme aus, daß in Verkehrsmitteln, die durch Bezirke mit Unterschichtsangehörigen verkehren, erhöhte Fangquoten feststellbar seien. Das geringe Einkommen führe oftmals notwendigerweise in eine ökonomische Zwangslage, aufgrund derer es schier unmöglich sei, Karten zu erstehen. Eine gewisse Daseinsberechtigung scheint dieser Ansatz zu haben, denn tatsächlich ist in der Donaumetropole etwa die Linie 5 mit über fünf Prozent eine Trutzburg des Schwarzfahrertums. Auch hier gibt es einige Schwankungen, die im folgenden anhand einer anderen Linie dargelegt werden.

Im D-Wagen gibt es im Schnitt alle acht Tage eine Aktion Planquadrat. Verstreichen mehr als zwei Wochen ohne Kontrolle, so schnellt die Schwarzfahrerquote jäh nach oben und erreicht knapp sieben Prozent; nach drei bis vier Aktionen reagiert der Markt prompt, und der Schwarzfahreranteil sinkt auf 1,1 Prozentpunkte. Der Rest liefert sich ein Stelldichein mit dem Automaten; aus der Sicht Deutschs beginnt die Maßnahme zu greifen. Nach einem weiteren kontrollfreien halben Monat hat die Kurve wieder ihre alte Größe erreicht. Jetzt lächeln die Schwarzfahrer.

VERDÄCHTIGE WAGGONE

Obwohl bei den Tramways in den hinteren Waggons die Zahl der Fahrscheinächter fast dreimal so hoch ist als in den Triebwagen, werden dennoch die hinteren stiefmütterlich behandelt und bleiben nahezu kontrollfrei. Dies könnte daher herrühren, daß die Leiter Kontrollen überall gleichermaßen empfehlen, um eine scheinbare Allgegenwärtigkeit der Prüfer zu erreichen. Anders verhält es sich bei den U-Bahnen, wo vorwiegend Kontrollen in jenen Waggonen stattfinden, in denen sich nur wenige Fahrgäste befinden. Eine Kontrolle in den vollbesetzten Waggons wird tunlichst vermieden, da befürchtet wird, daß sich so mancher Fahrgast zu rasenden Tobsuchtsanfällen und Amokläufen anstiften lassen würde.

VERDÄCHTIGE TAGESZEITEN

In den lauschigen Abendstunden ist die Wahrscheinlichkeit, sowohl auf Nichtzwicker als auch auf Kontrollore zu stoßen, besonders hoch. Ab zehn Uhr vormittags steigt die Schwarzfahrerquote desgleichen in schwindelnde Höhen. Die Werktätigen sind bereits um 4.30 aufgestanden, um verschlafen, aber redlich zu ihren Arbeitsstätten zu trotten. Die Vertragsbediensteten bilden keine Ausnahme. Ein Organ (Andreas L.) bringt es auf den Punkt: „Jetzt sind die unterwegs, die nicht wissen, was sie den ganzen Tag machen sollen." Ab Punkt zwölf kehrt wieder Ruhe ein in den Kontrollalltag, und die Fahrscheinprüfer können sich wieder im Schlaf des Gerechten wiegen. Aufgrund des höheren Kongrollgrades am Wochenende sind hier mittlerweile weniger blinde Passagiere anzutreffen als wochentags.

VERDÄCHTIGES AUSSEHEN

Langhaarige männliche Personen kommen als Fahrscheinverächter auf jeden Fall in Betracht; ebenso Personen aus dem studentischen, alternativen Umfeld, ärmlich gekleidete, jüngere Personen mit abgerissener Kleidung, Obdachlose und Größen aus der Halbwelt.

Allerdings geht es bei manchen Personengruppen nicht um Wahrheitsfindung, sondern um die Absicherung eines vorgefaßten Verdachtes (vgl. Feest 1971, 87).

Die polizeilichen Amtsstuben werden nur dann aufgesucht, wenn das Aussehen auf einen dunklen Wesenszug in Form einer Nichtpreisgabe von Name und Wohnort schließen läßt. Anhaltspunkte, aus denen der Beamte auf den Charakter schließt, umfassen „die Gruppenmitgliedschaft des Jugendlichen, Alter, Rasse, Gepflegtheit, Kleidung und Betragen" (Piliavin in Lüderssen 1977, 93). Gegenüber Ausländern, Sandlern und Punks wird tendenziell härter vorgegangen. Lieblichen Zuckerpüppchen, welche die Emanation der Sanftheit sind, wird mehr Glauben geschenkt als Brutalos.

AUFTRETEN

Dies ist der wichtigste Anhaltspunkt, der über das Wesen und das Vorgehen des Zwickverächters Auskunft gibt. Aus einem unkooperativen und kämpferischen Verhalten eines blinden Passagiers wird geschlossen, daß er nicht davor zurückscheut, plötzlich das Weite zu suchen oder falsches Adreßmaterial zu liefern.

Wird eine Zusammenarbeit vom blinden Passagier vorweg nicht angestrebt, so ist der Kreuzgang ins Wachzimmer gewiß. Jedoch auch ein zu sanftes Aufmucken kann vom Organ als Fahrscheinmangel ausgelegt werden. In einer Metro legt ein mittelalterlicher Pole mit schulterlangen Haaren den Kontrollorganen eine Tageskarte vor, die jene nach kurzer Begutachtung zurückweisen. Unverblümt legen sie dem Besitzer ihre erste Arbeitshypothese vor, derzufolge es sich um eine Manipulation der Karte durch ein nicht näher genanntes Waschmaschinenbleichverfahren handelt, mit Hilfe dessen Fahrkarten ein zweites Mal gestempelt werden könnten. Zwar wirkt die Karte wesentlich rauher als die zum Vergleich vorgezeigte Neukarte, und mit etwas Phantasie kann man auf der Karte einen alten Stempel durchschimmern sehen. Dennoch leugnet er bis zum Ende seine Schuld ab. Sein Aussehen und seine relativ geringe Wehrhaftigkeit sprechen jedoch eine andere Sprache, und er muß zahlen.

WIDERSPRÜCHLICHE ANGABEN

Angeführte Adressen, bei denen ein grobes Mißverhältnis zwischen Adresse und zugehörigem Bezirk besteht, stimmen nicht nur die großen Zweifler skeptisch. Auch Allerweltsnamen machen einen nicht allzugroßen Eindruck bei den Prüfern: „Wir haben ja nix davon, wenn ein jeder sagt, ich bin der Maier Karl, und wir haben den ganzen Tag zehn Maier Karl."

MISSTRAUENERWECKENDES MATERIAL

Dazu zählt extrem schlecht gefälschtes Fahrscheingut aus völlig unprofessionellen Kopien, die über und über mit Streifen versehen sind, oder von Kinderhand gezeichnete Fahrscheine mit Rechtschreibfehlern. Auch eine eigentümliche Wölbung sowie eine Rauheit und Holprigkeit des Fahrscheins wird nicht dem Zufall zugeschrieben, sondern deutet auf ein angewandtes Waschmaschinenbleichverfahren (s. u.) hin. Sämtliche Ausweise, die in stark abgenutzten Plastikhüllen untergebracht sind, werden einer genauesten Überprüfung unterzogen.

Emphatisches Denken, das über die reine Duldung des Nichtzwickers hinausgeht, wird man vorwiegend bei den Softlinern finden. Schlüsselerlebnisse bedingen eine gewisse Einstellungsänderung selbst bei den Hardlinern. Der gern zitierte Manfred P. ist anders als seine Kollegen mit saloppen Jeans, Lederjacke und einem bunten Seidenschal bekleidet. Als er einer der ersten Male zur Verrichtung seines Dienstes in der U-Bahn weilt, wird er prompt von einem unbekannten Kollegen um seinen Fahrschein angehalten. Unglücklicherweise findet er seine Netzkarte nicht, und es gelingt ihm auch nicht unter Aufwendung seiner gesamten Überredungskunst, ihm glaubhaft zu machen, daß sie zusammenarbeiten würden. Erst geraume Zeit später, als der Erlagschein bereits ausgestellt ist, findet er seine Berechtigungskarte wieder und überreicht sie dem übereifrigen Mitarbeiter.

Ein andermal beginnt ein Arbeitskollege von ihm bereits mit der Kontrolle, während er noch gelassen hinten hockt. Ein wohlmeinender Mitfahrer erblickt ihn und überreicht ihm, in der sicheren Annahme, es handle sich um einen Schwarzfahrer, einen gültigen Fahrausweis mit einem verschmitzten Grinsen: „Da, nimm!" Er erhebt sich kleinlaut und gibt ein verschämtes „Fahrscheinkontrolle" von sich. Bei der anschließenden Überprüfung wird der Wohltäter nicht kontrolliert.

In seinem Innersten ist der Prüfer dem Schwarzfahrer recht eigentlich gewogen. Es gibt keinen Kontrollor, der nicht zumindest in seiner Sturm-und-Drang-Zeit gelegentlich unabsichtlich oder absichtlich aufs Zwicken vergaß. (Seine ersten Gehversuche haben jedoch so kläglich verlaufen müssen, daß es wohl in einer Kontrollkarriere hat enden müssen.) Zwei Herzen wohnen ach in des Kontrollors Brust; das eine betrachtet Nichtzwicken als Kavaliersdelikt, das andere als Befleckung. Andreas L. zieht Vergleiche zu anderen Verkehrsmitteln: „Beim Taxi kann man auch nicht einfach schwarzfahren." Hier, so wäre einzuwenden, geht es nicht.

Bei der ersten Gattung von frommen Ausreden ist die einzige Triebfeder, sein eigenes gotteslästerndes Verhalten rechtzufertigen. Liefert jemand langatmige Erklärungen für sein schreckliches Tun, so kann man davon ausgehen, daß er keinesfalls jenen Verderbten zugehörig sein will, zu denen man ihn zählt, er also Zwickhinterziehung als abscheuliches Vergehen verinnerlicht hat. Je mehr dies der Fall ist, um so mehr besteht auch die Notwendigkeit, das Nichtzahlen vor den anderen zu verbergen. Die Antworten auf die Kontrollorsfragen erfolgen verstört und kleinlaut, man wendet sich von der Umwelt ab, um nicht von einer zufällig anwesenden Nachbarin verächtlich gemustert zu werden.

Davon zu unterscheiden sind Ausreden, deren erklärtes Ziel es ist, mit beschwingten Reden eine Erlassung der Schuld zu erreichen. Hier finden wir auch Entschuldigungen, um das Kontrollorgan milde zu stimmen. Bei Entschuldigungen gibt man zu, daß die durchgeführte Handlung schlecht ist, streitet aber seine Verantwortlichkeit ab (vgl. Scott, Lymann in Steinert 1973, 296).

Oftmals sind die Ausflüchte solcherart, daß sie jeglicher ersichtlicher ursprünglicher Zusammenhänge entbehren: „Vorgestern ist die Sissi-Tant' ins Lorenz-Böhler-Krankenhaus eingeliefert worden. Ich habe den Ausweis vergessen." Sämtliche Ausreden, die in irgendeiner Form das Wörtchen „vergessen" beinhalten, sind für den blinden Passagier tunlichst zu vermeiden. Die Hirne der Kontrollorgane sind mit einer Abschaltautomatik versehen, die beim ersten Ver ... wirksam wird. Kommen Schwarzfahrer mit der Ausrede, sie seien arme Studenten, erhalten sie die Antwort: „Jetzt schon, aber in zehn Jahren verdient ihr wesentlich mehr als wir." Allerdings können Studenten von dem Geld, das sie später verdienen, jetzt nicht leben.

AUSREDEN, DIE WIRKEN

Betörende weibliche Wesen von anmutiger Gestalt, die den Geist des Kontrollorgans einnebeln, können bei männlichen Kontrollorganen mit jeder Ausrede kommen, es wird zu keinen Zahlungen kommen.

Kullern zudem im richtigen Augenblick dicke Krokodilstränen herab, wird dem Kontrollor warm ums Herz, und der Strafzettel wandert in die Alte Donau. Bei einem einmal ausgestellten durchnummerierten Erlagschein erübrigen sich die weiteren Bezirzversuche, da er nicht vernichtet werden darf.

Voraussetzung für eine Straffreiheit sind ehrfürchtige Anerkennung der Autorität des Kontrollorgans, ein gewinnendes Auftreten und ein winziges Stück Sympathie. Wer sich untertänigst zu Boden fallen läßt und die Organe anfleht: „Verschont mich! Meine Hütte ist vorgestern abgebrannt, ich habe sieben unversorgte Kinder und eine nicht abgezahlte Ewe-Küche", hat mehr Chancen auf Erhörung als der Grübler, der seinen Mund nur sperrangelweit geöffnet hält. Aufgrund der fehlenden Kooperationsbereitschaft gehen Streitgespräche fast immer zuungunsten des Nichtzwickers aus.

In trockenem Galgenhumor vorgetragene Ausreden, die das Organ in Lachstürme ausbrechen lassen, haben mit einiger Wahrscheinlichkeit Aussicht auf Erfolg. Ein Afrikaner, der mit seiner ironischen Betrachtung über schwarzfahrende Schwarze den Kontrollor erheitert, geht bisweilen straffrei aus. Gehört der Kontrollor zu jenen, die selbst auf einen Kollegenscherz nur mit einem müden Lachen antworten, kann der Versuch umgehend abgebrochen werden. Selbst mit einiger Lustigkeit kann das Organ nicht von seinem Irrweg abgebracht werden. Gewisse Treppenwitze wiederholen sich derart oft, daß sie bereits stark abgenützt und absolut wirkungslos geworden sind. Gibt es irgend jemanden, der nicht schon selbst nach Abfahrt des Zuges plötzlich aufgestanden ist und lautstark „Fahrscheinkontrolle" gebrüllt hat, um zumindest für eine Sekunde lang den gesamten Waggon in lähmenden Schrecken zu versetzen?

Bei Ausreden, die auf Notsituationen oder Gegebenheiten aus dem täglichen Leben anspielen, ist Glaubwürdigkeit eine wichtige Determinante des Erfolgs. Eine Pensionistin, die dem Kontrollorgan auf der Seele kniet, führt aus, daß sie bei einem Zahnarztbesuch in einen derartigen Dämmerzustand versetzt worden sei, daß sie außerstande gewesen sei, einen Fahrschein zu lösen. In seiner Gnade erläßt ihr der Fahrscheinprüfer ihre Schuld. Bei reichlich ausgeschmückten Sachverhaltsdarstellungen kommt es für weltoffene Kontrollorgane nicht auf den Wahrheitsgehalt, sondern auf den Phantasiegehalt an. Manche von ihnen sind gerne bereit, sich von einer kunstvoll gesponnenen Historie in Bann ziehen zu lassen. Ebenso wie für einen Theaterbesuch mehr als genug Geld hingeblättert werden muß, hat auch diese Geschichte den Preis des Lohnentganges.

Volksredner, denen es gelingt, die Schuld jedes Privatunglücks sofort auf die Regierung zu lenken, können bei politischen gleichgesinnten Kontrollorganen gute Ergebnisse erzielen, wenn sie ausreichend die Zusammenhänge zu belegen imstande sind.

Verschonung

Der Erfolg jeglicher Ausrede richtet sich freilich auch nach dem Sachverhalt selbst. Ein kleines Zuviel an Stationen bei einer Kurzstreckenkarte wird der Fahrscheinprüfer gerne übersehen, während es bei einem gefälschten Fahrausweis mit einem gefälschten Markerl und einem gefälschten Personalausweis für den Fälscher mehr als ein kleines Problem sein dürfte, völlig straffrei auszugehen. Mit einem einfachen Schwank aus dem Leben wird es nicht getan sein. Günstlinge, Busenfreunde und Bekannte werden generell von einer Strafe verschont: „Ich kann doch net meine Nachbarin brennen lossn." Bei Paranoikern, Monomanen, Imbezilen und Psychopathen wird deckungsgleich vorgegangen.

Personen, die bereits vor der Kontrolle depressiv in der Straßenbahn hocken, werden nur zu einer Fahrkarte überredet, da die Folgen einer Zahlungsaufforderung nicht absehbar sind. Auch bei „ziemlich" Schwangeren wird vom Einheben des erhöhten Entgeltes abgesehen. Einem Methusalem wird ebenso im Regelfall die Strafe erlassen, obwohl er kaum mehr die Möglichkeit hat, wegzuhumpeln.

Schichtzugehörigkeit der Nichtzwicker und Kontrollhandeln

Angehörige verschiedener Klassen werden von den Prüfern auch unterschiedlich behandelt. Gegenüber Upper-class-Mitgliedern wird ein höflich zurückhaltendes Verhalten an den Tag gelegt. „Aggressive

Handlungen sind umso mehr verpönt, je höher der soziale Status der Personen ist, gegen die sie sich richten" (Heintz 1957, 157).

Ein in einem auserwählten Maßanzug elegant gekleideter Herr steigt hinten in die Straßenbahn ein und schreitet würdevoll nach vorne, ohne einen Fahrschein zu erstehen oder zu entwerten. Wenige Stationen später gesellen sich zwei blutjunge Kontrollorgane zu ihm; er bemerkt sein Versehen und führt an, daß er zwar über eine Karte verfüge, aber zu entwerten vergessen habe. Einer der Organe nimmt seine Karte, hält sie gegen das Licht und meint: „Ist eh gezwickt!" Im selben Waggon werden einige „klassischere" Schwarzfahrer erwischt, die allesamt das Mehrentgelt zu entrichten haben.

In der Schnellbahnstation Jedlersdorf wird von einem Organ im Jagdfieber ein siebzehnjähriger Unterschichtsangehöriger mit sehr kurzen Haaren aufgegriffen. Ihm wird vorgeworfen, den Zwickautomaten mißbraucht zu haben, indem er eine Mehrfachentwertung am selben Fahrschein vornahm.[22] Er weist die Anschuldigungen aufs schärfste zurück. Ohne Erfolg, denn er muß zahlen. Bei einer anderen jungen, wunderhübschen Studentin fehlt das Photo am Freifahrtsausweis; hier ist es nicht das geringste Problem für den Kontrollor nachzuempfinden, daß es sich allenfalls um ein peinliches Versehen oder um jugendliche Unvernunft handelt, so daß eine Strafe gar nicht einmal in Betracht zu ziehen ist. Durch das Zuschreiben verschiedener Motive zu gleichen Handlungen werden Statusgrenzen aufrechterhalten (vgl. Gerth, Mills in Steinert 1973, 160).

Reaktion der zahlenden Fahrgäste auf ertappte Nichtzahler

Die Bandbreite der Ansichten über den Ertappungsvorgang schwankt von offener Anprangerung des Schwarzfahrers bis zur blanken Entrüstung über die Kontrollorgane.

22 Was weitaus schlimmer wiegt, damit erfolgt auch eine empfindliche Störung der Statistik. Beim Entwerten klingen tief aus dem Innern des Zwickers ominöse Klopfgeräusche, welche auf einen eingebauten, hochsensiblen Zähler schließen lassen.

Die überwiegende Zahl der jüngeren Fahrgäste kann sich eher für die großen Schwarzfahrerhelden als für das kühle Kontrolltun erwärmen, falls Gefühlsregungen überhaupt nach außen dringen. Auch ein Teil der älteren Generation empfindet ähnlich: Ein jüngerer Fahrgast, der den Eindruck macht, als könne er sich nicht einmal einen Einzelfahrschein leisten, wird – oh Unglück – von einem Organ auf frischer Tat ertappt. Eine ältere Dame empfindet spontanes Mitleid, bedauert die arme Seele außerordentlich und übernimmt seine Rechnung. Die Kontrollore ihrerseits als Auslöser des Trübsals werden mit vorwurfsvollen Blicken gestraft.

Der andere Teil der Fahrgäste betrachtet Schwarzfahren als abstoßende Betätigung. Ihre stummen beobachtenden Gesichter sind allgegenwärtig; ein Raunen geht durch den Waggon, wenn einer zu zwicken vergißt. Wird einer gar ertappt, zermalmen ihre stechenden Blicke alles. Bis in den letzten Winkelzug des Seins wird er gemustert. Da in längst verflossenen Tagen der Zwickverschmäher als Tunichtgut, Nichtsnutz und Taugenichts verschrien war, sind es vorwiegend ältere Personen, die diese Denkweise bis heute beibehalten haben.

Als zwei Personen erwischt werden, sagt ein älterer Mann zu seiner Frau: „Siehst, die werden schon mitgenommen", offensichtlich in der Annahme, daß sie nun endlich die verdiente schwere Kerkerstrafe erhielten oder ins dunkle Verlies wanderten. Als in der U-Bahn ein jüngerer Nichtzahler erwischt wird, der gelangweilt die Brieftasche zückt, keine Miene verzieht und öS 560,– (40,7 Euro) bar hinblättert, lassen sich zwei Fahrgäste zu einem Kommentar hinreißen: „Die haben ja überhaupt kein Gewissen", weiß ein älterer Fahrgast. „Das sind ja Verbrecher", ergänzt in trauter Übereinstimmung ein anderer.

Moralische Entrüstung bezweckt, eine rituelle Zerstörung der beschuldigten Person zu erreichen. Es wird ein öffentlicher Bann ausgesprochen, indem alle Menschen zu der Bezeugung aufgerufen sind, daß die Person nicht die ist, für die sie sich ausgibt, sondern dem innersten Wesen nach von niedriger Gesinnung (vgl. Garfinkel in Lüderssen 1977, 33). Bei den Jüngeren hat sich das Bild kräftig gewandelt, so daß blinde Passagiere im schlimmsten Fall als verschrobene Querdenker gelten.

Vorurteilsbehaftete Denkweisen, bei denen Vorwegannahmen über die Realität nicht korrigiert werden, wenn sie mit der Wirklichkeit konfrontiert werden (s. u.), sind auch in Kontrollkreisen weit verbreitet. Viele Organe betrachten blinde Passagiere als gequälte, elende Geschöpfe, denen der Eintritt in die edle Brahmanenkaste, in der nur Priester und Kontrollore Zutritt haben, versagt bleibt. Wie wir gesehen haben, betrachtet die ältere Generation Fahrscheinlose weiterhin als Gelumpe. Vor allem bei jenen, die noch in ihrer Jugendblüte stehen, wird Störrigkeit und Starrköpfigkeit geortet. Sie sind in fürchterliche Fehlannahmen verstrickt, weil ihre Gedanken herumirren und sich ihr Geist verwirrt. Aus den Leidensepen eines Kontrollorgans: „Die Jungen sind niemals einsichtig, weil sie glauben, das alles umsonst ist."

Am Ende der nach unten offenen Unbeliebtheitsskala stehen Studenten, weil sie mit allen Mitteln versuchen, einer Strafe zu entgehen. Sie ergeben sich keinesfalls geschlagen in ihrem Schicksal und lassen den Kontrollor walten. Eher würden alle Pyramiden des Erdballs gleichzeitig einstürzen, als daß ein Studierender kampflos das Feld räumt. Die Studenten selbst schätzen dieses Verhalten als Tugend der Beredsamkeit und des unverzagten zur Wehr setzen. Auch im Schriftverkehr gelingt es ihnen häufig, durch geschicktes Argumentieren und Formulieren, eine Tilgung der Schuld zu erreichen. „Ein Student dürfte nicht vergessen. Weil er will ja vielleicht später Mediziner werden, da darf er keine Fehler machen", sprudelt ein bedeutsamer Einwurf aus Kontrollmund.

Der Schwarzfahrer

In diesem dritten Abschnitt endlich soll der Zwickverschmäher zu
Wort kommen. Er ist es, der die Öffentlichen zu einem Ort des Aben-
teuers und der Spannung macht. Straßenbahnen ohne Schwarzfahrer
sind wie Gurkensalat ohne Gurken. Ohne sie wären nicht nur Kontrollorgane, sondern auch der Verfasser dieser Zeilen brotlos. Eine
Welt, in der das Schwarzfahrertum vollständig ausgerottet wird, ist wie
Weideland, das von einer Dürre heimgesucht wird und in dem hoch
droben die Geier kreisen.

Die Menschen und ihre Beschaffenheit

Die Motivation in ihrer Vielfalt, die Laufbahn, der Umgang mit den Kontrollorganen, Rechtfertigungen und Ausreden sollen in diesem Kapitel eingehend erörtert werden.

Wessen Hände zwicken nicht?

Aus demographischer Sicht boomt tariffreies Netzgleiten vor allem in der Altersklasse der 15–34jährigen, sie stellen drei Viertel der Schwarzfahrer; für sie stellt diese Art der Fortbewegung kein ernsthaftes moralisches Problem dar; auch von den Jugendlichen von 10 und 18 Jahren würde nur ein Drittel niemals schwarzfahren. Die Gruppe der 25–34jährigen macht noch immer ein gutes Viertel der zur Kasse Gebetenen aus. Über das reife Alter von 65 hinaus findet sich nur ein Prozent in guter Gesellschaft. Die Statistiken der Wiener Linien sprechen von einem leichten Männerüberschuß von 60 Prozentpunkten.

Demgegenüber zeichnet sich keine gesellschaftliche Gruppierung durch gänzliches Fehlen aus; auch dem Frömmsten geschieht gelegentlich ein kleinwinziges in sich geschlossenes Unglück, und er hat zu zahlen. Durch Fehlen von unübersehbaren Erinnerern (z.B. in der Form von gelben Leuchtschildern mit dem Text: „Ab hier fahren Sie schwarz") kann es auch dem bravsten Zwicker passieren, versehentlich in den bis dahin verpönten Abschaum der Nichtzahler abzudriften. Dies schafft die Gelegenheit, für gewöhnliche Menschen in eine fremde, pulsierende, aufregende neue Welt hineinzuschnuppern, davon wohlgenährt in Bann gezogen zu werden und damit die Relativität von Moral und Rechtschaffenheit zu ertasten. Wenn jemand etwas durchlebt, „sich ihm unterzieht, ändern sich auch seine Bewertungen" (Strauss 1968, 23). Geschieht dies im großen Umfang, beginnt sich das Unerlaubte auf diese Weise in den Köpfen der Menschen zu entkriminalisieren.

Die Veranlassung für den Fahrscheinverzicht ist vielgestaltig.

MANGEL ODER RESSOURCENKNAPPHEIT finden wir zur Erklärung an oberster Stelle. Sinkt das Einkommen unter einen kritischen Schwellwert ab, so ist keine höhere Mathematik vonnöten, um zum Schluß zu gelangen, daß primitives Überleben und Erstehen von Fahrscheinen unvereinbar sind. Gewisse Gruppen, wie die Obdachlosen, sind dazu gezwungen, geschlossen den Zwickautomaten zu verschmähen, weil nur allzu spärliche Mittel vorhanden sind. Aus diesem Grund veranstaltete eine Gruppe von Sandlern in Wien eine Protestschwarzfahrt, um „freie Fahrt für Obdachlose" einzufordern (vgl. Augustin, Mai 1999). Bei einem Haushaltsetat von ein paar Groschen mehr, ohne daß gleich von prallem Überfluß die Rede sein kann, besteht die Möglichkeit, durch Unterlassung sinnloser Ausgaben kräftige Einsparungen zu erzielen. Eine Rechnung, die in der überwiegenden Zahl der Fälle auch aufgeht.

Die moderne Form des Aderlasses oder der Schröpfung ist dem Schwarzfahrer zutiefst zuwider. Nichtsdestoweniger können vorübergehende Liquiditätsprobleme nicht als einzige Erklärung für die gewählte Fortbewegungsform herhalten; als im Jahr 1996 die Studentenfreifahrt gestrichen wird, erwerben drei Viertel der Studierenden dennoch die neue Monatskarte. Nur dann, wenn spezifische Erfahrungen eine folgenschwere Änderung der Einstellung bewirken, kann die Frucht des Schwarzfahrens heranreifen, wie zu zeigen sein wird. Obschon die Kosteneinsparung als vordergründig betrachtet wird, spielen doch eine Reihe von anderen zusätzlichen freudigen Begleitumständen, wie Prestigegewinn bei Gleichgesinnten, eine bedeutsame Rolle. Würden sich über Nacht die Fahrkarten dem Täglich-alles-Preis angleichen, hätte dies bei den Sparern auch ein verändertes Zwickverhalten zur Folge.

DER REBELL betreibt Schwarzfahren aus einer Mischung aus Protest und Idealismus. Er nimmt sich eine Freiheit, die das System nicht bietet. Anarchische Elemente paaren sich mit Provokation und Opposition; stellvertretend für die Gesellschaft mit all ihren Mißständen stehen die Wiener Linien und die Kontrollore in ihrem Kleingeist. Er selbst betrachtet sich als Seher und Künder einer neuen Zeit. Manche verbotenen Tätigkeiten werden mit einem Maße von Glückseligkeit, Trotz, Triumph und persönlichen Kosten ausgeführt, die sich nicht mehr durch die Befriedigung aus der Handlung selbst oder ihrem Produkt erklären lassen (vgl. Goffman 1961, 274).

DER STADTINDIANER hat freudiges Wohlgefallen am Spiel und am Gewinnen. Das Davonjagen vor den Gesetzeshütern gehört zum Nektar des Lebens. Den Widrigkeiten des ticketfreien Fortkommens zu trotzen ist eine genußvolle Herausforderung, die sein Herz täglich aufs neue erfrischt. „Das gehört zum Lebensfeeling", singt O. ein Hohelied auf das Schwarzfahren.

DER SPIELER brilliert in der Rolle des verwegenen, tollkühnen Abenteurers, für den Nervenkitzel der Puls seines Daseins bedeutet und der die Gefahr abgöttisch liebt.

Er bescheidet sich nicht auf Ausreden in Kurzform, wie: „Potz Teufel!" Wird er erwischt, so unkt er den Kontrollorganen, er sei nicht gewillt zu zahlen, erklärt ihnen genüßlich seinen Plan in allen Facetten, schenkt ihnen noch ein Lutschbonbon und humpelt schnellen Schrittes davon. Folgen ihm diese wider Erwarten nach, so legt er kräftig zu und entgleitet in Windeseile aus dem Gesichtsfeld. Die Kontrollore hingegen laben sich an den Zuckerln und finden so ihren Trost.

Sitzt er in der Straßenbahn schwerbepackt vor dem Automaten und ein Kontrollbeamter kommt des Weges, bittet er ihn ergeben darum, seine Plastiksackerln zu halten, indessen er die Karte herausholt und zwickt. Sowohl bei den Letztgenannten als auch bei den Oppositionellen käme es bei erheblich günstigeren Kartenpreisen zu keinem Ansturm auf die Entwerter, zumal es um die Faszination der Außeralltäglichkeit und die süße Verlockung des Spiels geht. So finden sich auch eine Reihe von Schülern, die unbeschadet des Umstandes, daß sie um einen geringen Aufpreis eine Monatsmarke erhalten, als Oftschwarzfahrer. Bei entsprechender Mehreinkunft ändert sich die Motivlage, der Sparefroh kann zum Rebell oder zum Spieler mutieren. Mit den

Worten eines Romantikers (P): „Früher hab' ich nicht zwicken können, heute will ich nicht!"

DIE VERTRÄUMTEN VERGESSER bilden zahlenmäßig eine vernachlässigbare, überaus rare Randerscheinung. Der spontane Erinnerungsschwund stellt in praxi die bei weitem seltenste Erklärung für das Schwarzfahren dar, auch wenn es sich um die am häufigsten vorgetragene Ausrede in allen Ausprägungen handelt.

Mit den unterschiedlichen Motiven geht auch die Wahl gegensätzlicher Methoden einher. Je karger und erbärmlicher die Einkunftslage, um so mehr reift der sehnlichste Wunsch nach wohldurchdachten Strategien heran, um im Falle eines Ertapptwerdens alle Register ziehen zu können und in der Folge die Finanzbelastung gering zu halten. Der etwas höher bestallte Rebell oder Spieler hingegen kann sich seiner Spontaneität in Form von jähen geistigen Ergüssen hingeben, wie etwa den U-Bahn-Sitznachbarn zu fragen, ob er gleichfalls Nichtzwicker sei, um an den Gefühlsregungen des Gegenübers festzustellen, ob er Fahrscheinprüfer sein könnte.

Werden … / Der Pfad in die Verderbnis

Erst dann, wenn der Gedanke Fleisch wird, kann sich der sehnliche Wunsch nach ausgedehnten, kostenfreien Fahrten durch die Weite des Netzes verwirklichen. Die häufigste Einstiegsmöglichkeit besteht im Wagnis einer Fahrt bar jeglicher Fahrscheine, um die eigenen, sattsam bekannten Grenzen zu überschreiten und dem Überschwang der Unvernunft zu frönen. Hiebei werden erste Mikroerfahrungen gemacht, wie Furcht und Schrecken während der Fahrt, Litaneien von Bittrufen und Stoßgebeten, um das Unglück des Erwischtwerdens fernzuhalten, brünstige Freude danach. Geht die erste Fahrt unblutig zu Ende bzw. überwiegen der Jubel und das irdische Glück gegenüber den nagenden Gewissensbissen, so ist der weitere Abstieg in die Verdammnis gesichert, weil man daraus schließt, daß es sich in Zukunft ebenso verhält. Im Falle eines unbeabsichtigten Vergessens muß sich dieser Vorgang so lange wiederholen, bis er zu einem bewußten Akt wird.

Eine weitere Variante der erstmaligen Schwarzfahrt besteht im Kennenlernen neuer Freunde und der Nachahmung ihres aufregenden Tuns. Allerdings ist Missionierung dem Nichtzwicker in seinem Wesen fremd. Schließlich kann als dritte Abwandlung die Jungfernfahrt auch nach einem Wendepunkt oder einschneidenden Schlüsselereignis vonstatten gehen.

Frau H. ersteht nach Ablauf ihres Freifahrtsanspruches vorderhand eine Monatsmarke. Bereits zu dieser Zeit hegt sie erste Zweifel an der Funktionalität des Fahrscheinerwerbes. Da sie sich offensichtlich in einem schwarzen Kontrolloch (Heinze nennt es Kontrollschatten[23]) befindet, wird sie bei ihren Fahrten durchs Wiener Netz innert eines Jahres lediglich einmal zum Vorzeigen ihres Billettes gebeten. Vermittels primitivster Kopfrechnung gelangt sie schließlich zu dem Schluß, daß bei weiterem Markenerwerb – für ihr knapp bemessenes Budget – exorbitante Werte entstehen, denkt im stillen „So nicht!" und stellt weitere Zahlungen an die Verkehrsbetriebe gänzlich ein.

Die ersten Erlebnisse reichen oftmals in die Kindheit zurück. So labt sich C. bereits in der Volksschule in den Ferien an den verbotenen Früchten, den eigenen Angaben zufolge, „weil es spannend war, obwohl ich mir dabei fast ins Kleid geschissen habe". Die Eingliederung in die Gruppe der blinden Passagiere erfolgt in zwei Schritten: Wird der Billettlose das erste Mal erwischt und meistert die Situation, gleichgültig in welcher Form, demonstriert er damit, daß er sich von den gewöhnlichen Menschen unterscheidet. Diese Handlung kann man als halbfreiwilligen Trennungsritus bezeichnen (vgl. van Gennep 1986, 86). H. über ihre erstmalige Bußgeldverfügung: „Den Zahlschein stecke ich auch nicht gleich ein, den halte ich noch bedächtig eine Weile in der Hand und gehe so und lächle vor mich hin."

Die eigentliche Einweihung findet dahingegen erst dann statt,

---

23 Jener Bereich, der bei einer Kontrolle unberücksichtigt bleibt. Die Benennung und mathematische Beschreibung dieser bedeutenden Größe verdanken wir Assessor Werner Heinze, der in seinem Opus in den schillerndsten Farben die Zusammenhänge zwischen Nichtzwickern und Kontrolldichte erläutert und damit den Grundstein für die theoretische Kontrollogie legt (vgl. Heinze 1975, 77)

wenn der erste Erlagschein eingezahlt, als Trophäe an gut sichtbarer Stelle einen Ehrenplatz erhält und die Kunde davon eilends im Freundeskreis weitertrompetet wird.

Nun, da er von der Außenwelt und Gesinnungsgenossen das erste Mal ebenbürtig als Schwarzfahrer bezeichnet wird, beginnt er diese Definition zu übernehmen.

Wir finden jedoch auch manch bewegten Sonderfall und untypische Einstiegsbiographie: Einen hoffnungsvollen Weg geht K., der zunächst als Polizist die Erfahrung mit blinden Passagieren macht und schließlich selbst zu einem wird. Da der gefallene Engel ein kühner Denker ist und, gleich einem Winkeladvokaten, detailgetreu über jede winzige Gesetzesnovellierung Bescheid weiß, erweist er sich als ausgezeichneter Stratege. Durch die Zusatzgabe eines quadricepsreichen[24] Luxuskörpers kann er sich bei Aussetzen der Kontrollorsgunst also gleich aus dem Hort des Grauens verflüchtigen.

Da die Techniken des fahrscheinlosen Fortkommens nicht mit der Muttermilch eingesogen werden, müssen sie mühsamst erlernt werden. Die sorgfältige Ausarbeitung eines leistungsfähigen Systems, das in allen Lebenslagen Zufriedenheit verspricht, erfolgt selten im Alleingang. Darüber hinaus werden Jünger von Meistern eingewiesen, wobei auch Training einen bedeutenden Stellenwert einnimmt.

… und Vergehen / Die Abkehr

Gleich dem Einstieg ist auch der Ausstieg und die Abwendung auf eine geistige Umgestaltung zurückzuführen und damit deutlich weniger wehmütig und tränendurchflossen als ein „sag zum Abschied leise Servus". Diese Umkehr der persönlichen Sichtweise kann auf Ereignisse zurückgehen, die den Entwurf des Nichtzwickens als Palast des himmlischen Friedens ins Wanken bringen.

24 Genaugenommen eine Kombination aus Musculus quadriceps femoris und Musculus biceps femoris.

Bei den MANGELFAHRERN kann bereits eine dramatische Häufung von Zahlungsaufforderungen zu einem Wandel zum Stempeln führen. Als Z. im Zeitraum einer Woche nicht weniger als viermal erwischt wird, beginnt er trübsalblasend zu zwicken, auf daß dies für den Rest seines Lebens nie mehr geschehen möge. Ab der Altersklasse von 35 Jahren kommt es zu einer drastischen Verminderung der Nichtzahler; bereits reicher Geldsegen kann bei labilen Naturen zu einem Wandel der Zwickgewohnheiten führen.

Beim REBELLEN kommt es in reiferen Jahren oftmals zu einer Verminderung des Wagemutes. So beendet L. nach 17 Jahren seine Karriere als blinder Passagier frühzeitig, weil er dem Nervenkitzel nicht mehr standzuhalten vermag. Darüber hinaus stellt er sich die Frage, gegen wen er eigentlich kämpft. Die fahrscheinfreie Fahrt reduziert sich zusehends auf eine reine Kosten-Nutzen-Rechnung, der bei den ersten Mißerfolgen entsagt wird.

Ähnlich verhält es sich beim STADTINDIANER. Die anfängliche Faszination sowie das erste Jubeln und Jauchzen beginnen sich allmählich totzulaufen; die Flucht aus dem grauen, mieselsüchtigen Alltag wird selbst zum Alltag, „Wen interessieren jetzt noch all die Geschichten?" fragt sich O. und beäugt in Sorge rückblickend seine Mission.

Der VERGESSER wird ein bißchen zu oft erwischt, als daß er weiterhin unbekümmert beim Automaten vorbeischreiten könnte, ohne daß nicht seine innere Kontrollorsstimme sich mit mahnenden Worten einschaltet.

Abgesehen davon gibt es noch eine Reihe von Ausstiegsursachen, die für alle gleichermaßen zutreffen können. Ein Theologiestudent bricht seine anfänglichen Entgleisungen ab, da er zur Einsicht gelangt, daß das fahrscheinlose Fortkommen der christlichen Lehre zuwiderläuft. Alleine die bloße Tatsache moralischer Höherentwicklung setzt neue und schwerer zu erfüllende Verhaltensmaßstäbe (vgl. Matza 1973, 20). Sind die Ausstiegserlebnisse noch so dunkel und düster, so bleibt doch ein Rest der glühenden Leidenschaft bestehen; die Schwarzfahrer-Postschwarzfahrer-Solidarität währt ein Leben lang: Kommt ein Kontrollorgan der Wiener Werke des Weges, gilt es bei der Suche des Fahrscheins genüßliche Bedächtigkeit an den Tag zu legen, ihn selbst aber aus Leibeskräften anzubrüllen: „Wie bitte, Fahrscheinkontrolle?", um auch den Taubblinden in der vorletzten Reihe deutliche Signale zum Verlassen des Wagens zu geben.

Begegnung zwischen Kapplern und Schwarzfahrern

Solange sich die Organe im Inneren der U-Bahn befinden, sind sie den Tausenden sensationslüsternen Blicken ausgesetzt, was dazu führt, daß die Botschaften knapp, kommentarlos und im Sinn der Transportgesellschaft ausfallen, um zu demonstrieren, daß man seinen Beruf ernst nimmt und über alle Maße liebt. Auch für den Zwickscheuen, so er seinen Auftritt nicht in eine Mega-Show umfunktioniert, weicht draußen die Last des öffentlichen Drucks, und er kann sich in einer locker-entspannten Sphäre dem Gespräch hingeben, mit einem „Jessasmaria!" den Erzählduktus des Stadtwerkedieners anfeuern und seinem verlorenen Fünfhunderter nachträumen.

Durch das Fehlen von Öffentlichkeit vermindert sich draußen bei leerem Bahnsteig die Anzahl der Beteiligten alleinig auf das Prüforgan und den blinden Passagier, so daß nun informelle Regelungen und individuelle Besonderheiten zutage treten. Der Kontrollor hat die Macht, die Situation aufgrund von Verdachtsmomenten (s. o.) und Vorwegannahmen zu definieren und danach zu handeln; er kann also nach seinen Wünschen eine Einstufung darüber vornehmen, wie sie wirklich ist. Er hat dasselbe Recht wie Eltern und Gerichte, wobei die Urteile der Institutionen eine beträchtliche Zwangsgewalt aufweisen, da man sie nicht ungestraft mißachten kann (vgl. Strauss 1968, 84 f.).

Zu den wichtigsten Einflußfaktoren für das Verhalten des blinden Passagiers gegenüber den Organen zählt seine soziale Herkunft, das Alter, der Grad der gegenseitigen Mißgunst, die Redegewandtheit, die Branchenkundigkeit und sein Wesen. Es braucht nicht näher ausgeführt zu werden, daß man in einer größeren Gruppe auch in einem berauschenden Triumphgefühl schwelgt und darüber hinaus auch eher dazu in der Lage ist, das Gruppenziel durchzusetzen.

Als in der U 1 ein junger Schüler ohne Ausweis angetroffen wird, reagiert er extrem verschüchtert und stammelt zaghaft seine persönlichen Daten; mit dem Gesicht den Peinigern abgewandt, beantwortet er in Kurzform verschämt lediglich die an ihn gestellten Fragen. Obzwar er lediglich eine Bearbeitungsgebühr von öS 60,– (4,4 Euro) zu berappen hat, wiegt er betroffen sein Haupt und schreitet fort.

Nach einer langjährigen Testphase stellt sich ein reicher Erfahrungsschatz ein, dazu gesellt sich die zunehmende Altersgleichheit, was dem Erwischten ausreichend Selbstsicherheit zur Wahrung der eigenen Rechte verschafft. Je mehr das Mißtrauen überwiegt, um so weniger werden sich die beiden Teile für eine Konversation über das Notwendigste hinaus erwärmen.

Für die Erwischten gibt es drei Möglichkeiten, den Inspektoren zu begegnen:

Bei der KOOPERATION wird von der Möglichkeit ausgegangen, das Gegenüber auf gänzlich legalem Weg dazu zu bringen, von der Strafe abzusehen. Dies beinhaltet Lockrufe und das Umgarnen des Organs mit der Freimütigkeit des Charmeurs, der ohne falsche Hemmnisse das tut, was landläufig hinlänglich unter der Bezeichnung *Anbraten* bekannt ist, freilich für einen guten Zweck. Darüber hinaus können durch Ausreden in den hoffnungsfrohsten Ausprägungen sowie durch herzzerreißende, tränengeschwängerte Leidensepen weitgehend zufriedenstellende Ergebnisse erzielt werden. Da es taktisch unklug ist, einem hocherbosten Kontrollorgan gegenüberzutreten, muß der Versuch unternommen werden, ihn durch stürmische Beipflichtungen, gutes Zureden, Bittgesänge in Verbindung mit einem erbärmlichen Wimmern milde zu stimmen, auch wenn es sich nur um Blendwerk handelt.

Wie verlockend die Darlegungen auch sein mögen, ein Interessenkonflikt besteht immer, der eine will nehmen, der andere nicht geben.

Die PARTIELLEN KOOPERATEURE betreiben diplomatische Zusammenarbeit nur so lange, als sie aus rein strategischen Gründen unbedingt vonnöten ist. Der listige und durchtriebene Läufer versucht nach dem Erwischtwerden vorab einmal Zeit zu gewinnen, indem er sich

mit den Kontrollorganen darauf einigt, gemeinsam die Polizei aufzusuchen, um bei der ersten Gelegenheit das Weite zu suchen und im
Regelfall auch zu finden.

Im gegenteiligen Falle der NONKOOPERATION wird jegliche Zusammenarbeit rundweg verweigert, nicht nur aus methodischen Überlegungen, sondern auch aus der Infragestellung Autorität, Mangel an
jeglicher Sympathie sowie Genuß an der Andersartigkeit und Freude
an der Rebellion, auch bei ungewissem Ausgang. Diejenigen, denen
durch schlechte Erfahrungen die Ausweglosigkeit der Kooperation vor
Augen geführt wird, weil ihnen beispielsweise die hohe Kunst des
Schauspiels fremd ist, neigen zu einer offenen Darlegung ihrer Mißgunst. Infolge des nahezu vollständig verschlossenen Rachens erfolgen
ihre kargen Wortspenden in einem lispelnden und stotternden Raunen, gerade laut genug, um von der Umwelt als unruhiges, nervöses
Flattern des Nasenflügels wahrgenommen zu werden.

Auch wenn das eigene Lachen mit einem hämischen Kontrollors-
grinsen erwidert wird, ist dies dem gegenseitigen Verstehen nicht wirklich förderlich.

Eine wesentliche Typisierung des blinden Passagiers stellt seine
Schichtzugehörigkeit dar.

UNTERSCHICHTANGEHÖRIGE (C-, D-, E-, F-, G- und H-Schicht)
sind, nachdem sie auf frischer Tat erwischt worden sind, überaus spar-
sam mit ihren Worten; die Konversation reduziert sich auf eine knappe
Beantwortung der gestellten Fragen, Zusatzbotschaften bleiben nahezu
vollständig aus. Das vollständige Schweigen darf jedoch keinesfalls als
Geste der Unterwerfung in Betracht gezogen werden. Niemand wird
vom Verlangen getrieben, sein Seelenheil nur durch einen wortgewal-
tigen, schwülstigen Rechtfertigungskanon wiederzuerlangen. Nur
überaus selten wird der Geist der Kontrollore mit Süßem genährt, und
er wird mit einer Entschuldigung beglückt. Büßer und Selbstgeißelungen sind rar geworden. Methodisch neigen Unterschichtsangehörige eher zu spontaner, oftmals unsystematischer Vorgangsweise.
Die einfachen, relativ unreflektierten Verfahren werden oftmals von
Freundesfreunden übernommen und nicht weiter ausgebaut.

In jungen Jahren wird für den Zwickfremden die Straßenbahn zu einem Schauplatz im Kampf um Vorherrschaft; das explosive, ungestüme Auftreten und die tolldreisten, provozierenden Antworten dienen als Zurschaustellung des eigenen Wagemuts und sollen den Außenstehenden vermitteln, daß man die Situation fest im Griff hat. Bisweilen wird zusätzlich eine kämpferhafte Pose eingenommen. Es hat nicht den Anschein, als ob vor dem tobenden Publikum in der Arena das Erwischtwerden einen Batzen Prestigeverlust mit sich bringen würde.

In einer U-Bahn wird ein etwa 15jähriger Lehrling ohne Billett angetroffen. Seine zwar wahrheitsgetreu wirkenden Antworten sprudeln cool und betont lässig aus seinem Munde. Mit einer bedeutsamen Geste, welche die Überprüfer der Fahrscheine ins Reich des Schwachsinns beheimaten, zieht er heroisch dem Ausgang zu, vorbei an der starrenden, glotzenden Menge, und heizt sich trotz Rauchverbot auf der Treppe eine Zigarette an, mit der Botschaft: Leckts mich doch a bißl am Arsch.

Neigen Personen generell zu physischer Gewalt, so kann es geschehen, daß auch in Situationen beim Schwarzfahren, die völlig außer Kontrolle geraten, die Anwendung roher Gewalt als problemlösend verstanden wird. Bei einer äußersten Eskalation der aufgestauten Aggressionen kann die eine oder andere Watsche ihren Besitzer wechseln.

Die anfängliche Tendenz zur Aufmüpfigkeit verliert sich, wenn die eigene gesellschaftliche Stellung und Durchschlagskraft höher als die der Kontrollore ist oder man sich zur Einsicht durchgerungen hat, daß man sich ohnedies in der stärkeren Position befindet. Bei Sympathie und gegensätzlichem Wohlgefallen kann das Gespräch von einem lockeren, fast freundschaftlichen Umgangston geprägt sein, auch wenn es niemals von der warmen Herzlichkeit und süßen Verzückung eines Liebesgeflüsters bei einem erstmaligen Date ist, bei dem sie kommt, und er kommt.[25]

Ab einem Alter von 30 Lenzen gewinnt das Auftreten an Souverä-

---

25 Weniger herzlich verhält es sich, wenn sie kommt und er nicht, oder wenn er kommt und sie nicht. Der geringste Grad an Glückseligkeit stellt sich ein, wenn niemand zugegen ist.

nität, Kühle und Gelassenheit, auch wenn mitunter die alte Nervosität und Genervtheit durchbricht. Alle Einschüchterungsversuche seitens des Prüforgans sind vergeblich. In der zweiten Lebenshälfte wird die Barzahlung der Erlagscheinbegleichung vorgezogen, zum einen, weil sie durch ihre Unkompliziertheit[26] besticht, zum anderen, weil die finanzielle Potenz ausreichend ist. Fernerhin bewahrt dieses Vorgehen davor, daß mangels Glaubwürdigkeit der gemachten Angaben Schutzmänner verständigt werden, und wirbelt darüber hinaus am wenigsten Staub auf, besänftigt also auch die zahllosen Glotzer. Fahrgäste, die nichtsdestoweniger ohne nachzufragen den bereits abgezählten Betrag den Kontrolloren mit einer Selbstverständlichkeit gelangweilt entgegenstrecken, so als handelte es sich um die Bezahlung einer *Haaßen* und einer gepflegten Halben beim Stammtisch im Würstelprater, gelten in Kapplerkreisen als hartgesottene Profis.

Weitaus üppiger sprudelt der Quell der Worte aus den Lippen der MITTELSCHICHTANGEHÖRIGEN und der Honoratioren der Gesellschaft. Ihr sicheres Auftreten gründet sich aus dem Wissen um die gesellschaftliche Überlegenheit, der größeren Redegewandtheit und des höheren Geschicks, durch Streitgespräche eigene Interessen durchzusetzen, bedingt durch höhere Bildung; auch wenn das Organ über ein gewisses fachspezifisches Know-how verfügen mag, kann es sich nicht mit ihnen messen. Wie wir gesehen haben, hat der Kontrollor die Macht, die Situation zu benennen und zu definieren. Die wichtigste Schranke polizeilicher Definitionsmacht besteht in der Kontrolle durch den Betroffenen selbst (vgl. Feest, Lautmann 1971, 81). Anders als in der Unterschicht, wo die Betroffenen nicht ausreichend über die Gesetzeslage aufgeklärt sind und die Beschwerdemacht gering ist, sind die Angehörigen der oberen Schichten durchaus in der Lage, sich in angemessener Weise Gehör zu verschaffen.

Eine dem Vernehmen nach wohlbegüterte Dame aus bestem Hause kommt in den Genuß eines Stelldicheins mit einem Staatsdiener der kontrollierenden Art. Sie ist in einem Zustand äußerster Erregung und spricht in gehobener, leicht nasaler Schönbrunner Hochsprache mit

26 Schnell, unbürokratisch.

nahezu adeligem Einschlag. Empört erklärt sie, daß sie zwar zur Stunde nicht in der Lage sei, ein gültiges Fahrdokument vorzuweisen, jedoch jahrzehntelang ein großer Gönner der Wiener Linien gewesen sei und immerfort eifrig Fahrscheine entwertet habe. Als Beleg legt sie reiches Zwickmaterial älteren Datums vor. Aufgrund ihres kämpferischen, fordernden, nonkooperativen Auftretens sind die Fahrscheinprüfer keinesfalls gewillt nachzugeben, weshalb sie noch aufgebrachter, lauter und energischer wird, was noch weniger zum Ziel führt.

Die überwiegende Zahl der STUDENTEN begegnet den Kontrolloren mit unverhohlener Geringschätzung, verwickeln sie in endlos lange, argumentativ wohldurchdachte Streitgespräche und verteidigen ihre Position massiv. Zum einen sind sie aufgrund der bescheidenen Mittelzuweisung dazu genötigt, das Äußerste zu geben, um eine Schadensbegrenzung zu bewirken, zum anderen sind sie in sprachlicher Hinsicht weitaus gewandter als das Kontrollorgan und vermögen ihn – mit kluger, verspielter, leidenschaftlicher Rede – in seiner Behäbigkeit mitzureißen. Allerdings ist gerade dieses Vorgehen wenig erfolgreich, da es oft genug lediglich in einem Zerwürfnis endet und der Student zu zahlen hat.

In den ersten Semestern findet sich noch eine Riege von Furchtsamen, die erschrocken und eingeschüchtert bereitwillig über alles Auskunft zu geben bereit ist, was auch auf einen Mangel an Erfahrung zurückzuführen ist. Je höher sie die universitäre Stufenleiter emporklettern, um so gelassener und gefaßter fällt ihre erste Reaktion aus, nichts vermag sie aus dem Ozean des Gleichmutes zu locken; dafür wird mit zunehmendem Alter der Wesenszug, mit ausgeklügelten Überredungsversuchen eine Erlassung der Schuld zu erkämpfen, immer ausgeprägter. Für den Studenten kommt der Methodenwahl eine große Bedeutung zu, sie wird fortwährend einer Prüfung und Veränderung unterzogen und mit dem eigenen Erfahrungsschatz angereichert.

Zumal die Wirkung von Streitgesprächen immer auch eine Frage des Images und des gesellschaftlichen Einflusses ist, unternehmen die überwiegende Zahl der Ausländer nicht einmal den Versuch, die Kontrollorgane zu einer Umkehr ihres „schrecklichen" Tuns zu bekehren. Zudem haben die meisten von ihnen überwiegend schlechte Erfahrungen mit der schnöden österreichischen Beamtenseele gemacht, weshalb sie redlich darum bemüht sind, durch Rechtfertigungen, Entschuldigungen und manierliches Auftreten – unter Zurschaustellung ihrer sonnigsten Gemütsanteile – den Eindruck zu hinterlassen, daß sie keinen Millimeter vom Pfad der Tugend abgewichen sind. Ist das Selbstbild der Minderheit vor allem durch die Vorurteile der Mehrheit bestimmt, so sind Unterwürfigkeit und Selbsterniedrigung typische Verhaltensweisen (vgl. Heintz 1957, 191 f.).

In der einfachen Vorstellungswelt einiger Fahrscheinprüfer verläuft der Verhaltenskodex entlang geographischer Grenzen der Herkunftsländer. Als eine junge Polin anführt, sie verfüge weder über Schilling noch Rubel und Zloty[27], und herzzerreißenden Klagegesang und Wehgeschrei anstimmt, bringen sie die beiden dessenungeachtet zur Polizei, um ihre Personalien festzustellen.

Ertappung und Reaktion

Was alle blinden Passagiere nach dem Ertapptwerden eint, ist eine erste panikartige Schrecksekunde, die sie in einen Starrezustand versetzt und blitzschnell in ihnen die untröstliche Erkenntnis reifen läßt, daß diese Fortbewegungsform nicht immer eitel Wonne ist; die ersten Gedanken sind von einer allumfassenden Wirrheit und zeugen von einer vorübergehenden geistigen Zerfurchtheit. Der größte Teil der erwischten Nichtzahler zeigt die urmenschlichste Form der Reaktion, indem er in heftigen Grimm und Griesgram verfällt und zusehends mehr oder weniger ungemütlich wird. Während die einen sich im Geist darauf bescheiden, den Kontrollor aus voller Kehle anzubrüllen, sind die anderen vom frommen Wunsch beseelt, ihn „abzukrageln", freilich nur in Gedanken. Viele träumen von einem atomaren Erstschlag.

27 Da Schwarzfahren und Schwarzmarkt wesensverwandt sind, und am Mexikoplatz in Wien der Zloty als rauheste, zugleich aber stabilste Währung Einzug gefunden hat, ist immer wieder versucht worden, die Schwarzfahrerbuße mit diesem Zahlungsmittel abzugelten. Bei Drucklegung dieses Bandes betrug der Wert eines Zlotys bei 2,85928 öS.

Diejenigen, die sich in realiter mit einer bösen Fratze in Verbindung mit spöttischen, kleinen Bemerkungen wie „Hinweg, Natterngezücht!" an das Kontrollorgan richten, verschaffen sich mit ihrem natürlichen Charme einigen Respekt. Vermeintliche Wunderkinder der Schwarzfahrt werden sich am meisten die Haare raufen, wenn sie an kinderleichten Hürden – die jedes Kind spielend bewältigt – scheitern, beispielsweise darin, einem Kappler in Uniform zu erkennen. Oftmals wird in der Situation mit Rachegedanken gespielt, wie O. es tut, wenn er allzuoft hintereinander in den ungewollten Zahlgenuß kommt.

Im folgenden sollen zunächst die typischen Reaktionsweisen für blinde Passagiere, die den blutigen Anfängerlagern entstammen, aufgezeigt werden:

Den Ängstlichen jagt es nach dem Erwischtwerden auch nach geraumer Zeit noch blankes Entsetzen und Schaudern über den Rücken. Sie wandeln unsicher und rastlos umher, bis nach dieser Heimsuchung allmählich das Grausen verebbt. Für manchen auch bricht eine Welt zusammen, und er fällt in die Abgründe der menschlichen Existenz. Wir schreiben den elften November, als ein etwa Dreißigjähriger erwischt wird; er hockt sich völlig niedergeschlagen auf das Stationsbankerl – angebracht vom Verschönerungsverein Hernals – und bleibt dort eine gute Viertelstunde still, in sich gekehrt kauern. „Dieses Erlebnis, ohne Ausweis einen Kontrollor zu treffen, ist ein Horror", malt Z. ein Bild der Düsternis.

Eine übertriebene Warmherzigkeit geht mit dem Anliegen einher, das Gegenüber zu einem gütlichen Vorgehen zu bewegen oder einen Strafnachlaß zu erwirken.[28]

In der Metro gewahrt ein Kontrollorgan zwei jüngere Fahrgäste; nach einem ersten hochnotpeinlichen Frage-und-Antwort-Spiel ist rasch geklärt, daß die Fortbewegung nicht in unmittelbarem Zusammenhang mit einem vorher gelösten Billett stand. Da keiner von ihnen einen saudiarabischen Scheich-Onkel hat, der mit kleinen Stützzahlungen kräftig unter die Arme greift, flehen sie den Kontrollor kniefäl-

---

28 Vgl. dazu die lehrreiche Schrift: Alphons Silbermann, Von der Kunst der Arschkriecherei, 1997.

lig darum an, er möge von einer Strafe ablassen, indem sie ihm süßen Honig in großer Menge um den Mund schmieren. Es endet damit, daß sie zu zweit nur den Betrag für einen zu berappen haben. In seliger Dankbarkeit darüber, daß er seine Schäfchen ins trockene hat bringen können, ruft einer dem Kontrollor zu: „Danke, viel Glück noch!" – „Wozu?" fragt der Kontrollor gelangweilt. „Daß Sie das nächste Mal wen erwischen, der blecht", raunzt der Ängstliche.

Deutlich entgegengesetzte Verhaltensmuster zeigt die Gruppe der gewandten, emsigen, nimmermüden Oftfahrer, die seit jeher Branchenkenner sind:

Ihr Auftreten ist von einer eisigen Grabeskühle, ihre Antworten beinhalten nur das Allernotwendigste, all ihre Handlungen umgibt eine Aura der prosaischen Nüchternheit.

Auch der Gaukler legt völlige Gleichgültigkeit an den Tag, ist tief im Innersten seiner Brust reichlich wenig beeindruckt und läßt sich seine Hochstimmung durch Ereignisse dieser Art nicht verdrießen. Wird das Entwischen als gänzlich ausweglos erkannt, schreitet er – um der makabren Szene auch für sich selbst eine künstliche Auflockerung zu verleihen – direkt auf die Fahrscheinprüfer zu und verkündet mit feierlicher Stimme: „Meine Herren … ich muß sie leider enttäuschen, ich verfüge leider über keinen wie auch immer gearteten Fahrschein!"

Manche machen nicht die geringsten Anstalten, nach dem Erwischtwerden die Karten ihres Schicksals mitmischen zu wollen, und geben sich ohne Aggression und Gram geschlagen.

Eine weitere Reaktionsform ist, das Erwischtwerden als billige Rummelplatz-Varieté-Darbietung zu betrachten[29], in der die Kontrollorgane in ihrer tölpelhaften Bemühtheit, Korrektheit, Ernsthaftigkeit und Würde auszustrahlen, schlichtweg lächerlich wirken und Anlaß zu höhnischen Lachsalven geben. Das Schwarzfahrerdasein wird als Slapstick-Komödie betrachtet, in der man selbst der Hauptakteur ist. Allerdings kann auch der Aggressivität des Kontrollorgans zum

29 Der Eintrittspreis von öS 560,– (40,7 Euro) allerdings läßt mehr erwarten und mindert den Besucherstrom erheblich.

Trotz „ein breites Lächeln zeigen, daß man den Triumph dennoch bewahrt" (Heintz 1957, 188). An der Reaktion kann abgelesen werden, inwieweit sich der Gesetzlose mit seiner Rolle identifiziert, und ob er seine Tätigkeit gutheißt.

Beschämtes, kleinmütiges, mäuschenhaftes Auftreten in Verbindung mit langatmigen Rechtfertigungen und Entschuldigungen zeigen, daß man nicht zu den Abtrünnigen gezählt werden will. Darüber hinaus ist man gerne bereit, seine Unschuld zu beweisen, ohne das Vorgehen der Kontrollore und seine Legitimität in Frage zu stellen (vgl. Feest 1971, 82).

Geringschätzige Blicke zu den Boten der Finsternis, legere Haltung und lockere Gesprächsführung hingegen sind ein sicheres Zeichen dafür, daß man gänzlich von der Tauglichkeit und Rechtmäßigkeit der gewählten Fortbewegungsart überzeugt ist. Desgleichen läßt man sich von den stummen Fragezeichen in der Masse der Gesichter nicht beirren, sondern versucht mit ebenso stechenden, bohrenden Blicken zurückzustarren. Indem man stoische Ruhe bewahrt und das gesamte Handeln von der angemessenen Lässigkeit durchtränkt ist, demonstriert man der Menge, daß man sich zum Nichtzwicken bekennt und Teil der Schwarzfahrergemeinde ist. Wenn die Minderheit der Schwarzfahrer mit der Mehrheit der Gesellschaft zusammentrifft, tritt ein vorher verstecktes Selbstbewußtsein offen zutage, ihre eigene Persönlichkeit wird den anderen entgegenhalten und bildet nun einen Gegenentwurf zur Gesellschaft (vgl. Heintz 1957, 181).

Vorgehen nach dem Ertapptwerden

Ein Teil der Nichtzwicker trägt einerseits aus Gründen der Fairneß, andererseits um zu verhindern, zur Polizei mitgehen zu müssen, immer einen Lichtbildausweis mit sich, den sie im Falle eines Zusammentreffens mit Kontrollorganen vorweisen. Andere ziehen Barzahlung vor, um ihrer Erfassung und Registrierung zu entgehen. Lediglich damit kann ein Mißbrauch ihrer Daten vollständig gesichert werden. Dazu eine Schwarzfahrerin: „Ich fahre nur schwarz, wenn ich fünfhundertsechzig Schilling (40,7 Euro) habe, das ist ungefähr immer mein Ticket, das ich eingesteckt habe."

Daß selbst bei Zahlungswilligkeit der Umgang mit Kapplern nicht immer ein freudvolles Ereignis sein muß, zeigt eine Begebenheit in der U-Bahn. Als eine Schwarzfahrerin mit dem schrillen Wort „Fahrscheinkontrolle!" aus ihren zarten Träumen gerissen und geradewegs von der entsetzlichen, beinharten Wirklichkeit ereilt wird, versucht sie mit einem Tausender ihre Schuld zu begleichen, welchen die Kontrollore hinwiederum nicht zu wechseln vermögen. Die für sie insgesamt trist-unquicklichen Rahmenbedingungen einer Konversation vor acht Uhr früh sind dem gegenseitigen Verstehen nicht wirklich förderlich. Es entwickelt sich ein kleiner Dialog, bei dem die Kontrollore die Wechselunfähigkeit bejammern.

Ein beliebtes Spiel, um den Anwesenden den Eindruck zu vermitteln, man sei der edelste Schimmel auf Gottes Erdboden und die Prüforgane als mindere Geschöpfe zu outen, besteht darin, sie mit großzügigen freiwilligen Bedienungszuschlägen und Trinkgeldern zu überhäufen. Eine ähnliche Wirkung kann damit erzielt werden, indem aus einer fetten Brieftasche prahlerisch Fünftausender gezogen werden mit der Aufforderung: „Zahlen bitte!!! Der Herr da hinten und die Dame vorne gehen auf meine Rechnung." Voraussetzung für das Gelingen ist freilich ein Auftreten und Gehabe, das finanzielle Potenz verheißt. Überfluß und Reichtum in Verbindung mit sorgloser Freigebigkeit bringen Ruhm und Ehre ein (vgl. Reiwald in Malinowski 1975, 16).

Über die Wachstubenfrage gibt es unterschiedliche Auffassungen; sind die einen unter keinen Umständen bereit, die behaglichen Amtsstuben mit den Kontrolloren gemeinsam aufzusuchen, sehen die anderen in der Konfrontation mit der Exekutive eine Verlockung. In den Worten des Meisters, vulgo Wendelin P.: „Weißt eh, ich wollte einfach ausprobieren, wie weit es geht. Weil das war auch so ein bißl ein Gefühl – ich war arbeitslos, Notstandshilfeempfänger –, so ein Gefühl des Geborgenseins. Wenn die Polizei kommt, weil die kümmert sich um einen. Man kann sich einfach fallenlassen, und es ist so irrsinnig befreiend (lacht)."

Auch wenn der Akt des Ertapptwerdens, aufgrund der ehemaligen Schwere des Deliktes in früheren Zeiten, seine Prangerwirkung deutlich eingebüßt hat, ist das öffentliche Zurschaustellen vor den tobenden, sensationsbegierigen Massen bis heute eine bedeutsame Größe geblieben, um potentielle blinde Passagiere abzuschrecken. Die Einordnung eines Menschen als abweichend, bemerkt David Matza, „ist ein Akt der Erniedrigung" (Matza 1973, 169).

Personen, denen es an Erfahrung mangelt, werden durch die Umgebung zu einem leisen, unsicheren Sprechen oder gänzlichem Schweigen veranlaßt, das Innere der U-Bahn wird zu einem furchteinflößenden Hort der Verdammnis. „Das erste Mal, als ich erwischt wurde, da habe ich mich wirklich in den Arsch hineingeschämt", erinnert sich K. an dieses triste Ereignis. Je älter die Ertappten, um so mehr erschütterte, tiefe Betroffenheit kommt auf, da sowohl bei ihnen als auch den Gleichaltrigen Schwarzfahren als Vergehen verinnerlicht ist. „Ich bin Pensionistin, und für mich wäre die Strafe ein schwerer Verlust gewesen", schildert eine Frau ihr entsetzliches Erlebnis, bei dem jedoch die Himmelsglocken läuten und die Prüfer von einer Strafe absehen (Kurier, 9. 1. 1995).

Andere blinde Passagiere hingegen, die unermüdlich mit dem Fleiß der Bienen sich in den hohen Künsten des fahrscheinfreien Fortkommens üben und in allen Bereichen einen jahrzehntelangen Erfahrungsschatz ihr eigen nennen, betrachten es als persönliche Herausforderung, dem Druck der Menge mit flinken Reden und einem frostigen Lächeln zu trotzen. Geht man einem weitgehend gesitteten Lebenswandel nach, kann es bei einem Zusammentreffen mit uneingeweihten, entfernten Bekannten und Freundesfreunden zu unerquicklichen Augenblicken kommen, wenn die eigenen kleinen Besonderheiten ruchbar werden.

So trifft K. bei einer Kontrolle eine Arbeitskollegin, die im Vollbesitz eines bestempelten Scheines ist, wohingegen er dem Zwicken vollends entsagt hat. Unergründlich sind die Wege des Kontrolleurs, und so kommt wenig später ein Vertreter dieser seltenen Spezies des Weges, dem dieser Umstand umgehend ins Auge sticht und sie bei der Adreßangabe frägt, ob sie ihn kenne. Naturgemäß bejaht sie die Frage, worauf K., dem der Schalk im Nacken sitzt, eine geringfügige Korrektur vornimmt: „Natürlich kennst du mich nicht!" Die Geschichte geht in seinem Sinne über die Bühne. So manche Freundschaft erweist sich jedoch später als klinisch tot.

Manche blinden Passagiere empfinden es als weniger erniedrigend, wenn sie nach dem Erwischtwerden in der U-Bahn sitzen bleiben, da sie sich hier zumindest heimisch fühlen. Für sie steigert der Ortswechsel an eine womöglich unbekannte Station zusätzlich die Unsicherheit. Für den überwiegenden Teil der Ertappten bedeutet das Innere des Waggons die siebte Hölle, weshalb sie das Gespräch draußen vorziehen. Überdies können sie nach der Datenaufnahme draußen den geringschätzenden Blicken der Masse dadurch entfliehen, indem sie danach beim Einsteigen wieder in die schützende Anonymität der Großstadt eintauchen.

Spirale des Entsetzens

Zwischen dem erwischten Fahrscheinverschmäher und den Schaulustigen kommt es zu einer gegenseitigen Aufwiegelung. Ein reichlich untypischer, eher bieder wirkender Schwarzfahrer, der kaum jemals in den Genuß eines erfrischenden Zusammentreffens mit Kontrolloren gekommen sein dürfte, wird von einem solchen in der U-Bahn ertappt. Er reagiert sehr verängstigt und innerlich aufgebracht. Da er keinen Ausweis bei sich hat, nehmen sich zwei zufällig vorbeikommende Polizisten seiner an. Er ist sehr erschrocken, mit einem Mal steht er mehr im Mittelpunkt, als ihm lieb ist. Alle starren ihn wie gebannt an. Polizei und Kriminalität sind für die vielen tausend stummen Gestalten deckungsgleich. Er errötet leicht, beginnt zu schwitzen und steht Todesängste aus. Er ist sehr freundlich zu allen und versucht die Angelegenheit so rasch wie möglich abzuwickeln. Durch seine Unruhe peitscht er die Neugierde der Masse weiter auf.

Als die Zuseher bemerken, worum es geht, steht auf ihren Gesichtern Genugtuung. Durch seine schuldigen Blicke ist er zum Sünder gestempelt worden. Um diesem Unglück ein für allemal zu entgehen, wird er das nächste Mal zwicken oder zu erfolgversprechenderen Methoden greifen. Im letzten Fall kann von einer sekundären Abweichung gesprochen werden. Damit ist eine Situation gemeint, „in der jemand beginnt, sein abweichendes Verhalten oder eine darauf gegründete Rolle als Mittel der Verteidigung, des Angriffs oder der Anpassung … an die Probleme zu benutzen, die durch die gesellschaftliche Reaktion darauf geschaffen werden" (Lemert in Matza 1973, 92).

Schwarzfahrer im Gruppenverband

Gleich eingangs stellt sich die Frage, ob blinde Passagiere als locker zusammengewürfelter, bunter Haufen verhältnismäßig verschiedenartiger Individuen als einheitliche Gruppe betrachtet werden können. In Anlehnung an den Kulturwissenschafter Roland Girtler, der die Gruppe „als eine Mehrheit von Menschen, die durch gemeinsame Interessen und Strategien der Lebensbewältigung sowie durch gewisse Symbole, wie eine charakteristische Sprache, eine besondere Tracht oder bestimmte Rituale miteinander verbunden sind" betrachtet (Girtler 1995, 20), treffen diese gemeinsamen Merkmale, wie gleiche Methodik, Sprache und Rituale für die Nichtzwicker, in jedem Fall zu. Noch weiter faßt den Begriff der Soziologe Louis Wirth, der davon ausgeht, daß ein paar Menschen, solange sie etwas gemeinsam haben, „vorausgesetzt, sie erkennen, was sie gemeinsam haben, und das könnte buchstäblich alles sein, sogar rote Haare oder ein Interesse für australische Briefmarken zu zwei Pence – eine Gruppe ins Leben rufen können" (Wirth zit. nach Strauss 1968, 172).

Es gibt keine Führer, lediglich gemeinsame Ideen und Gegenideen bzw. eine Vorstellungswelt, wie auftretende Probleme gelöst werden können. Bei einer Reihe von Subgruppen der blinden Passagiere handelt es sich um „soziale Gruppen" im Sinne Hans Bahrdts, der darunter mehrere Personen versteht, die in sozialen Beziehungen stehen, gleiche Ziele verfolgen sowie gemeinsame Normen und Ziele teilen (vgl. Bahrdt 1987, 90). Für diese zahlenmäßig geringeren Subgruppen aus dem studentisch-alternativen Umfeld und aus der Grünszene stehen andere politische Zielsetzungen im Vordergrund, nur ein geringer

Teil ihres Programms ist die theoretische Forderung nach Nulltarif, welche von allen praxisnah umgesetzt wird. Damit wird das Wir-Gefühl deutlich gestärkt.

ZUR RANGORDNUNG

Die Gruppe der blinden Passagiere hat keine wie immer gearteten gemeinsamen Führer, jedoch gibt es eine Hierarchie, die in erster Linie von der gewählten Methodik bestimmt wird:

Die Gruppe der Wahrscheinlichkeitsfahrer (s. u.), welche lediglich völlig unbedarft in der Straßenbahn sitzt und keinerlei Vorkehrungen trifft, um einer möglichen Kontrolle zu entgehen, nimmt in der Rangordnung den untersten Platz ein und bekommt demgemäß von der Sachertorte des Ruhms auch das weitaus winzigste Stück. Einen bedeutenden ersten Schritt gehen blinde Passagiere, wenn sie beginnen, aus der Masse der Mitfahrenden jenen ausfindig zu machen, der für das weitere finanzielle Unwohlsein die Hauptverantwortung trägt, und daraus eine Primitivmethodik (er kommt – ich gehe) erarbeiten. Mit diesen ersten Gehversuchen geht jedoch keine drastische Statuserhöhung einher, da mit den Grundmerkmalen klassischer Kontrollorgane jedes Volksschulkind vertraut ist.

Je durchdachter die Systematik, je genauer es also gelingt, Kontrollore zu sichten, ihr Verhalten vorherzusagen und sich mit geeigneten Maßnahmen zu schützen, um so höher wird man in der Hierarchie stehen, womit auch die ehrfurchtsvolle Bewunderung durch Kollegen steigt. Das Zwicken auf Verdacht hingegen ist verpönt. Darüber hinaus erweist sich auch ein Hang zur Perfektionierung des Handwerks als günstig: „Weil ich habe doch irgendwie schon geschaut, daß wenn ich schwarzfahre, daß ich das ordentlich mache", schmunzelt O. Im Gegensatz dazu sind Einsteiger der Ansicht, daß die Art des Vorgehens beim Schwarzfahren völlig unerheblich ist, solange es klappt, neigen also zu einem Pragmatismus (vgl. Richter 1997, 146).

Lobpreist man sein eigenes System noch in den höchsten Tönen, kann man himmlische Höhen erklimmen. Ebenso können unheimliche, schaurige Geschichten mit zumindest einem wahren Kern zur

Imagepflege einen wichtigen Beitrag leisten. Um rasant in Spitzenpositionen aufzusteigen, sind die folgenden Tugenden vonnöten:

Eine Förderung des Prestiges wird zuvörderst durch die Auswahl einer geeigneten wohlüberlegten Technik erreicht, die mit genialen eigenen Ideen angereichert sind, welche sich aus der eigenen Erfahrung gründen. Die genaueste Kenntnis der geltenden Rechtslage mit all ihren Abirrungen ist von Vorteil, aber nicht unumgänglich. Einfallsreichtum, um die Kontrollorsbrut mit wortreicher List, Geist und Witz aufs Glatteis zu führen und zum freien Fall zu bringen, steigert den Marktwert gleichfalls. Schließlich erhöht paradoxerweise seltenes Ertapptwerden das Ansehen unter den gleichartigen Freunden, da jeder versucht ist, dieselben Ergebnisse zu erzielen, während durch das gelegentliche Erwischtwerden auch die Zugehörigkeit zur Gruppe gestärkt wird. Auch das Zusammengehörigkeitsgefühl der Gruppe wird damit gesteigert.

Wagemut verleiht Größe: Dem Kontrollor kühn die Stirn zu bieten, in Verbindung mit der Bereitschaft zur Konfrontation, sind weitere gerngesehene Attribute, während ausgeprägtes Sicherheitsdenken eher ein Hemmnis für den raschen Aufstieg darstellt. Den guten blinden Passagier zeichnet weiters ein Hang zur Eigenständigkeit, aber auch ausgeprägtes solidarisches Handeln (s. u.) aus. Beim Erwischtwerden sind Reaktionen in aller Kühle, wie gelangweiltes Gähnen mit weit geöffnetem Mund angebracht, die anzeigen, daß sich dieser Vorgang schon milliardenfach wiederholt hat. Kniefälligkeit und Schmierigkeit gegenüber verpönten Inspektoren bzw. jämmerliche Versuche, um ihre Gunst zu buhlen, hingegen sind Garanten für Mißerfolg.

Wenn desgleichen der Verdienst einen gewissen Pegelstand überschreitet, was sich an der Prallheit des Börsels und den schwarzen Nullen am Sparbuch zeigt, gerät die Steigerung des Beliebtheitsgrades zunehmend ins Stocken. Ein weiterer Wesenszug eines mit hohem Ansehen überschütteten Mitgliedes der blinden Passagiere ist die Freude am Experiment. Seine Spontaneität, seine Entrücktheit aus dem schnöden Dasein treiben ihn dazu, die Studierstube zu verlassen. Er ist keinesfalls ein Schattengewächs, betrachtet das Leben nicht als qualvolles Martyrium, sondern wendet sich der Sonnenseite des Seins zu. Ansehnliche Gestalt, Sprechinstrumente, mit Hilfe derer die Konversation Größe und Tragweite verliehen werden kann, sowie eine Stimmlage, die es erlaubt, den Sprechakt in einem mehr als stöhnenden Krächzen zu führen, ohne das Äußerste an Aufmerksamkeit abzuverlangen, sind weitere Begünstiger auf dem Weg nach oben.

AUS DEM SPRACHSCHATZ DER BLINDEN PASSAGIERE

Im Gegensatz zu den Wiener Gaunern, deren Ausdrucksweise von Girtler eindrucksvoll geschildert wird (vgl. Girtler 1995, 246 ff.), ist die Sprache der blinden Passagiere weitaus weniger blumig und ausdrucksstark. Die meisten der hier aufgezählten Ausdrücke sind gemeinhin bekannt und werden auch in anderen Zusammenhängen verwendet. Die Funktion der Sprache als Instrument der Abgrenzung ist daher in unserer Gruppe wenig ausgeprägt.

ZWICKEN: In der Urgeschichte des öffentlichen Transportes wurden Fahrscheine vermöge eines Zängelchens gelocht und entwertet. In Schwarzfahrerkreisen Synonym für die geächtete, verpönte Tätigkeit des Fahrscheinerwerbs.

DRÜCKEN, HERUNTERDRÜCKEN: Fahrschein entwerten, ebenso fehl am Platz.

PICKEN: Monatskarte erwerben und aufkleben.

ZWICKFANATIKER, ZWICKMONSTER: Ein auf Abwege geratenes, verlorenes Schäflein, das vom wilden Wahn getrieben ist, für jede Fahrt Fahrscheine zu lösen.

SCHWARZKAPPLER, KAPPLER: In der überwiegenden Zahl der Fälle mit deutlich negativem Beigeschmack. Kommt ursprünglich aus den schwarzfahrerfreundlicheren Zeiten, in denen das Organ noch mit Käpplein versehen war, das trotz der Unscheinbarkeit der Farbgebung (irgendwo zwischen grau und schwarz) weithin Signalwirkung hatte.

SCHWARZER: Ehrfurchtsvolle Kurzbezeichnung für Schwarzkappler. Nur selten kommt es zu einer Verwechslung mit dem brühheißen, rabenschwarzen, köstlich-bitteren Trank aus (dem schwarzafrikanischen) Kaffa[30], der den Körper wärmt und die Sinne weckt.

GSCHICHTLDRUCKN: Nach einem denkwürdigen Ereignis, bei dem aufgrund einer technischen Panne die Flucht mißlingt, muß die Kontrollperson teils mit gänzlich unwahren Schilderungen, teils mit weitgehend aus dem Reich der Phantasie stammenden und mit phantastischen Details ausgeschmückten Sachverhaltsdarstellungen abgespeist werden.

RAZZIA: Gesellschaftliches Großereignis, das durch das Zusammenwirken von einem Großaufgebot von Kontrolloren, Polizei und Schwarzfahrern zu einem unvergeßlichen Erlebnis wird. Der blinde Passagier hat bei diesem gemütlichen Beisammensein die Möglichkeit, mit Hunderten von Gleichgesinnten zusammenzutreffen, einen besinnlichen Gedankenaustausch zu pflegen und Freundschaften zu schließen. Es herrscht ein ausgelassenes, närrisches Treiben, da und dort hört man fröhliches Kichern, die Vögel zwitschern, einige haben heiße Würstel mitgebracht, die gemeinsam verzehrt werden.

VERBRÜDERUNG

Der Zusammenhalt wird durch die ständige, gemeinsame, äußere Gefahr des Erwischtwerdens gesteigert. Tappt ein anderer blinder Passagier in die Falle der Stadtwerke, so kann durch eine mitfühlende Geste oder ein solidarisches Grinsen dem Mitstreiter seine Hoffnungslosigkeit und Unsicherheit vollends genommen und er in seinem Tun be-

---

30 Das Ursprungsgebiet des Kaffees ist bekannterweise „Kaffa" im südlichen Äthiopien. Interessanterweise haben zahllose Sprachen in leicht modifizierter Form die Bezeichnung dieses Landstrichs für die Benennung des Getränks übernommen, wohingegen auf amaharisch Kaffee „buna" heißt (vgl. Briggs P., Guide to Ethiopia, Bucks 1996, S. 101).

stärkt werden. Auch das ewig lange Herumsuchen um die nicht vorhandene eigene Fahrkarte ist eine Möglichkeit, Zeit für andere zu gewinnen und ihnen hilfreich beizustehen.

Da Schwarzfahrern aufgrund der Illegalität im geheimen durchgeführt werden muß, sind auch die meisten Hilfsmaßnahmen durch Kollegen nur verborgen möglich.

In der U 1 bemerkt ein Fahrgast bei einer Kontrolle, daß zu den Habseligkeiten des Sitznachbars keinerlei bedruckte Fuhrzetteln zählen, worauf er ihm – weiß Gott woher – plötzlich heimlich Fahrscheine in die Hand drückt. Infolge der Illegalität der Tätigkeit ist ausdrückliche Billigung und einfühlende Unterstützung durch andere Personen wesentlich, um Zweifeln des Nichtzwickers zu lindern und ihm eine moralische Rückversicherung gegen ein nagendes Über-Ich zu verschaffen (vgl. Cohen in Sack 1968, 374). Durch wärmende solidarische Blicke schmilzt das Herz des Ertappten, gleichzeitig wird auch der Kontrollor einem öffentlichen Druck ausgesetzt.

Die gemeinsame Interessenlage bewirkt fortwährendes Interesse am Geschick der anderen und gegenseitige Unterstützung:

Bei einer Fahrt in der Untergrundbahn wird P. zusammen mit drei anderen unbekannten Gleichgesinnten fahrscheinlos angetroffen. Nach dem Aussteigen gelingt es ihm durch wildes Gestikulieren den anderen unmißverständlich zur Kenntnis zu bringen, daß er keinerlei Interesse an einer Zahlung habe. Sekunden später folgt ein leichtfüßiger, behender Abgang in die vier Himmelsrichtungen, die da sind Norden, Osten, Süden und Westen. Eine andere häufig praktizierte großherzige Vorgangsweise für Menschen von edler Gesinnung ist die Weitergabe bereits gestempelter Einzelfahrscheine, die noch für einige Zeit einen gewissen Geltungsbereich für Fahrten in dieselbe Richtung haben und die Schwarzfahrt nicht unwesentlich erleichtern. Noch hilfreicher ist die Überreichung einer vollends gültigen Tageskarte, die nicht mehr gebraucht wird. Andere Hilfeleistungen, wie Winke, wer der Wolf im Schafspelz ist, und die Weitergabe von wissenswerten Informationen gibt es lediglich für offensichtliche Gruppenteilnehmer.

Gleich vorweg stellt sich die Frage, ob Schwarzfahren überhaupt unter abweichendes Verhalten zu reihen ist. Zum einen gibt es niemanden, der nicht gelegentlich von den verbotenen Früchten kostet, zum anderen ist die Zahl der regelmäßigen Regelverstoßer gering. Gemeinhin wird die Tätigkeit nicht als Delikt betrachtet, auch wenn sie in Uneintracht mit Gesetzen und Normen steht.

Am zweckmäßigsten mutet es an, die von Girtler vorgeschlagene Bezeichnung „unanständiges Verhalten" für blinde Passagiere zu übernehmen, da sie in unserem Fall eine sehr zutreffende Beschreibung des Sachverhalts liefert. Er spricht dann von einer Randkultur, wenn Menschen gemeinsame Praktiken und Ideen entwickeln, „die denen der Gesamtgesellschaft zumindest ansatzweise entgegengesetzt" sind (Girtler 1995, 23). Eingangs soll erörtert werden, wie Abweichung entsteht. Es gibt keine Gesellschaft, die nicht schon durch die Eigenschaft ihrer Geordnetheit die hinreichenden Voraussetzungen schafft, um Schmach herbeiführen zu können (vgl. Scheler in Williams 1942).

In den soziologischen Schriften sind unzählige Theorien genannt, vermöge derer Abweichung zu erklären versucht wird. Bei den physiologischen Theorien wird davon ausgegangen, daß erbliche Anlagen Abweichung veranlassen. Nach Lombroso gibt es den *geborenen Verbrecher*, der sogar an äußeren Merkmalen, wie großen Ohren, riesigen Fingern und einer bestimmten Gesichtsform, erkennbar sein soll (Lombroso zit. nach Prisching 1995, 126). Psychologische Theorien gehen zwar gleichermaßen von der Annahme aus, daß das Verhalten von Abweichenden abnormal ist, aber sie halten es für erlernt.

Bei der Präventionsthese besteht die Hauptaufgabe der Gesellschaft darin, Menschen, die von moralischen Maßstäben abgewichen sind, durch eine Unzahl von kleinen Hilfeleistungen behilflich zu sein, zur Herde zurückzukehren. Allerdings hindert der Präventionsstandpunkt überhaupt daran, das abweichende Phänomen richtig in den Blick zu bekommen, „da er von dem Ziel bestimmt und motiviert ist, es auszumerzen" (Matza 1973, 22).

Bei der Etikettierungstheorie wird die Sichtweise deutlich erweitert; abweichendes Verhalten ist jenes, das von gewissen gesellschaftlichen

Gruppen als abweichend etikettiert wird. Schwarzfahren wird also dadurch unrechtmäßig, weil andere es als unstatthaft und kriminell bezeichnen.

Die Neo-Chicagoer Schule betrachtet Abweichung alleine als Vielfalt menschlichen Verhaltens. Durch teilnehmende Beobachtung wird Abweichung von innen heraus betrachtet. Howard Becker fordert, abweichendes Verhalten nicht als etwas Minderes oder Besonderes anzusehen. Es sollte neutral als Verhalten betrachtet werden, das einige lieben und andere verachten (vgl. Becker 1981, 158).

Wie bereits eingangs angeführt, finden sich auch unter dem Geldadel und bei Menschen mit dem allerbesten Ruf genügend schwarze Schäflein. Ohne böse Unterschlagungsabsicht nehmen sie von einer Bestempelung des Fahrscheins Abstand, entweder weil ihre grauen Zellen jämmerlich versagen oder weil sie von einer plötzlichen, heftigen Zwickunlust übermannt werden. Aufgrund der Beschaffenheit sozialer Organisation ergibt sich immer die Möglichkeit zu heimlicher Abweichung – auch dann, wenn nach außen hin der Schein gewahrt bleibt. Dies ergibt sich aus der mangelnden Natur menschlicher Überwachungssysteme (vgl. Matza 1973, 91). Aber auch der eingefleischteste Schwarzfahrer kommt mitunter in Versuchung, den Stempelautomaten aufzusuchen. Es gibt keinen Bruch im Übergang vom Normalen zum Abnormalen, sondern in der Alltagswirklichkeit des Handelnden geht beides fugenlos ineinander über und erlaubt daher keine saubere Trennung in zwei losgelöste Bereiche (vgl. Thomas, Zanieki zit. nach Helle 1977, 66).

Die Bildung einer Subgruppe ist wahrscheinlich die verbreitetste Möglichkeit, sich mit Gleichgesinnten zusammenzuschließen, um die einzelnen Mitglieder durch Rückversicherungen, Informationsaustausch und gutes Zureden in ihrem Tun zu bekräftigen. In der Gruppe erfolgt die Bestärkung des einzelnen dahingehend, daß sein Tun nicht mehr als abwegig, sondern als Bewillkommung verstanden wird und im höchsten Maße erwünscht ist. Das gemeinsame Gruppenziel: *Wir holen uns das zurück, was wir dem Staat niemals gegeben haben*, wird als Aufforderung zum Handeln betrachtet. Gespräche über all das, was Schwarzfahrende bewegt, werden lediglich in der Subgruppe geführt und nicht am Gabentisch bei Urgroßomas Siebenundneunziger.

Das anfängliche Unbehagen über das eigene Tun schwindet in dem Maße, als man in die neue Gruppe einzutauchen bereit ist, um die alte Denkweise und sein ehemaliges Selbstverständnis schrittweise aufzugeben. Mit jeder einzelnen Schwarzfahrt und jedem Vorgang des Ertapptwerdens wird eine neue Identität geschaffen. Nach geraumer Zeit beginnt sich die Erkenntnis „ich bin Schwarzfahrer" im Bewußtsein einzubrennen, woraus neue Handlungsmuster entstehen. In der Subgruppe wird die Handlung, die vorher schlechtes Gewissen verursacht hat, uminterpretiert und jetzt als prestigefördernd betrachtet. Obschon die blinden Passagiere der Regelverstoß gegen die Vorschriften der Transportgesellschaft eint, haben sie einen sehr strengen Ehrenkodex und halten an den eigenen Regeln entschieden fest.

Zum einen werden jene Personen, welche sich an die von der Gesellschaft aufgestellten Verhaltensregeln nicht halten, als Außenseiter bezeichnet. Doch jene, die als Regelverletzer abgestempelt werden, zeigen kein allzu großes Verständnis für die aufgestellten Vorschriften und sind der Ansicht, daß die Verurteilung unrechtmäßig erfolgt. Sie betrachten ihrerseits die Richter und Kontrollore als Außenseiter (vgl. Becker 1981, 1). Kein Schwarzfahrer kommt auf die wahnwitzige Idee, sich selbst als abweichend zu bezeichnen. Aus der bewegenden Bekenntnisschrift des gernzitierten P.: „Nein, Schwarzfahrt war mir eigentlich nie als krimineller Akt bewußt, ich habe mich nie als Illegaler gefühlt." Und geraume Zeit später betont er, daß es für ihn von Anfang an eine Selbstverständlichkeit war, sich an den Annehmlichkeiten der Schwarzfahrt zu ergötzen. „Legal, illegal, scheißegal" lehren die Wände.

T. mit der weisen Sentenz: „Das Schwarzfahren ist ganz normal, zumindest in unseren Kreisen." Mit einem Schmunzeln im Gesicht: „Es ist eher das Umgekehrte abnormal: *Was, du zahlst?*" Der blinde Passagier, der gelegentlich zwickt, schleicht so lange um den Automaten, bis er sicher sein kann, daß er von keinem einzigen Kollegen beim Lösen eines Fahrscheines ertappt wird.

Wie bereits an anderer Stelle abgehandelt, werden stigmatisierten Personen Eigenschaften wie Mangelhaftigkeit, Schuldhaftigkeit und Schädlichkeit zugeschrieben. In den Augen der Gesellschaft haben ihre Handlungen ein beachtliches Störvermögen, sie gelten daher als „böse und unter Kontrolle zu bringen" (Lipp 1985, 99). Anders als bei Kontrollorganen ist die Zugehörigkeit zur Gruppe der Stigmatisierten mehr oder weniger freiwillig. Ein anderes Unterscheidungsmerkmal besteht darin, daß Schwarzfahren nicht hauptberuflich durchgeführt wird, so daß man nicht den ganzen Tag über mit Problemen dieser Art beschäftigt ist.

Eine Besonderheit dieses Stigmas besteht darin, daß es erst bei Ertappung zutage tritt, davor unterscheidet sich der Zwickverächter nicht einmal für den Wissenden und Eingeweihten von Otto Normalverbraucher. Unter den Mitfahrern gibt es zwei vorherrschende Denkweisen; die einen betrachten den blinden Passagier als Abtrünnigen, die anderen das Kontrollorgan. Nur bei ersteren kommt es zu einer Stigmatisierung des blinden Passagiers. Die Gattung der Kontrollorsverächter hat jedoch größere Verbreitung; je mehr in den Gehirnen der Mitfahrenden die blinden Passagiere verdammt werden, um so mehr erstarken die Kontrollorgane zu Heilsbringern. Umgekehrt je mehr die Fahrscheinprüfer zu elenden Verrätern erklärt werden, um so mehr werden Schwarzfahrer zu Helden.

Bei der Schwarzfahrt muß immer im Hinterkopf behalten werden, daß die Tätigkeit eigentlich ungesetzlich ist. Wer sich nun mit Selbstgeißelungen kasteit, wen das schlechte Gewissen auch nach Jahren noch quält, der ist für Stigmatisierung durch andere noch empfänglicher. Infolge der selbstzerstörerischen Wirkung der ständigen Auseinandersetzung mit einer feindlichen Umwelt ist es zielführend, sich in den Schutz einer Subgruppe zu begeben. In dieser Subgruppe wird das Mitglied als jemand betrachtet, „der stolz auf seine Krankheit sein, und nicht danach trachten sollte, gesund zu werden" (Goffman 1996, 52).

Eine andere Möglichkeit, seinen Wundmalen zu trotzen, besteht darin, sie für alle ersichtlich freizügig offenzulegen und ihre ursprüngliche negative Bedeutung dahingehend umzukehren, daß sie nun zur Persönlichkeitsbildung und Selbstverwirklichung erhoben werden.

Lipp bezeichnet diese Vorgangsweise als Exhibitionismus (vgl. Lipp 1985, 134).

Gewissensbesänftigung

Aufgrund der gänzlich fehlenden Finanzzuschüsse an die Transportgesellschaft ist anfänglich ein Großteil der Nichtzahler mit nagenden Gewissensbissen konfrontiert. Für Einsteiger ist dies ein Mitgrund, gelegentlich einen Fahrschein zu erwerben. Je länger man die Verkehrsmittel benutzt, ohne erwischt zu werden, um so mehr steigert sich das Unrechtsbewußtsein, das man allerdings rasch zu verdrängen geneigt ist. Diese Einstellung wandelt sich beträchtlich, wenn es zu einer raschen Abfolge von Zahlungsaufforderungen kommt, da nun das edle Spenderherz angesprochen wird, auch wenn dieser Vorgang unfreiwillig ist. Nach dem Erwischtwerden wird entweder aus Trotz weitergefahren oder in selten Fällen die Laufbahn reumütig verlassen.

Bei Oftfahrern vermindert sich das Reuegefühl allmählich in die Bedeutungslosigkeit, da bei gelegentlichen Zahlungen der finanzielle Unkostenbeitrag als ausreichend empfunden wird.

Legitimierungen bejahen zwar, daß die fragliche Handlung im allgemeinen Sinn unerlaubt ist, behaupten aber, daß die speziellen Umstände die Handlung erlaubten oder sogar forderten (vgl. Scott et al. in Steinert 1973, 301). Die häufigste Rechtfertigung für das eigene Handeln ist die Unmöglichkeit aufgrund der eigenen mageren Einkünfte, eine Netzkarte zu erstehen. Je knapper bemessen die Mittel, je bitterer die Not und je karger das Mahl des Tagelöhners, um so weniger bedarf es einer Zusatzrechtfertigung für den ersten Schritt ins Verderben. Diese Knappheitslegitimierung ist lediglich für den ersten Schritt ins Verderben von Bedeutung. Die einmal begonnene Tätigkeit wird man weiterführen sowie die erworbenen Fertigkeiten zu vervollkommnen trachten, ohne daß eine Hinterfragung stattfindet. Der Zwickverächter betrachtet Schwarzfahren als Mittel, um kräftige Einsparungen für sein Börsel zu erreichen; er findet jedoch am Mittel solches Interesse oder läßt sich derart von ihm faszinieren, daß es wichtiger wird als die Sache selbst (vgl. Strauss 1968, 40).

Anders verhält es sich, wenn sich ein Mitteleuropäer auf einem Aufenthalt in einem Land befindet, in dem der Preis für einen Fahrschein unter einem halben Butterbrot liegt und er dennoch schwarz fährt; in diesem Fall wird ihn das Gefühl von Verlegenheit und Scham übermannen. Eine weitere Form der Rechtfertigung ist politischer Natur. Tarife, die nach sozialen Gesichtspunkten gestaffelt wären, würden es auch dem Sandler Ferdl und der Pensionistin Elvira A. ermöglichen, ein schmuckes Fuhrblatt ihr eigen zu nennen. Ein kollektiver Nulltarif auf öffentlichen Nahverkehrsmitteln, bei dem die Kosten zur Gänze aus öffentlicher Hand bereitgestellt würden, hätte ein Umsteigen breiter Bevölkerungsteile vom Individualverkehr in den Kollektivverkehr und damit ein Absinken der Unfallopfer zur Folge. Aufgrund des Zustroms käme es zu einer weiteren Verbesserung der U-Bahnen, wie beispielsweise eine höhere Taktfrequenz und der Ausbau neuer Linien an weniger befahrenen Orten. In weiser, prophetischer Voraussicht dessen, was dereinst mit Sicherheit wird kommen, fahren Seher und Visionäre bereits heute schwarz.

Eine beachtenswerte, richtungweisende These stellt O. auf, wenn er ausführt, Schwarzfahrer seien Ökologen, im Gegensatz zu Tausenden Autobenützern, die durch Luftverpestung millionenschweren Schaden anrichteten. „Jeder, der die öffentlichen Verkehrsmittel benutzt, ist ein gewaltiger Lichtblick. Und da schwindet mein Unrechtsbewußtsein beachtlich." Eine häufige Legitimierung erfolgt damit, daß Straßenbahnen ohnedies unterwegs sind, gleichgültig, ob ein Entgelt dafür gezahlt wird oder nicht. Dieser Ansatz findet sich bereits bei Zwitzers 1896 in einer Inauguraldissertation über blinde Passagiere: „Er will Niemand um baares Geld bringen, findet es verschwenderisch und zwecklos, dass so viele Eisenbahnen halb leer gehen, meint dass keinem Menschen ein Leid geschehe, wenn sich noch ein Passagier einschleiche. Die Lokomotive brauche darum kein Atom Kohle mehr, und die Pferde von der Post merkten es auch nicht" (Zwitzers 1896, 5).

Nichtzahler nehmen sich die Freiheit, den Warenwert für Fortbewegung selbst einzuschätzen und festzulegen und handeln nach demselben Prinzip des asiatischen Handwerkers, der nach getanem Werk auf die Frage nach dem Preis erwidert: „Soviel Sie wollen!" Da einhellig die Grundauffassung darin besteht, daß öffentliche Verkehrsmittel zu fördern sind, findet es ein Teil im Innersten bedenklich, dieser Unterstützung zu entsagen.

Das Zwicken des Nichtzwickers

In einer schwachen Stunde kann es geschehen, daß auch der eingefleischteste Automatenverächter einer vorübergehenden geistigen Umnachtung anheimfällt und sich am Entwerter vergeht. Diese leichte Überreaktion kann bei einem unsteten Naturell bereits nach dem fünften Mal hintereinander Ertapptwerden eintreten. In der Fremde, wo zum einen der blinde Passagier in die Rolle des Gastes schlüpft, zum anderen mit der gängigen Methodik unvertraut ist, zieht er es vor, der Transportgesellschaft eine kleine Finanzspritze beizusteuern. Ebenso wird bei Fahrten mit tonnenschweren Rucksäcken (etwa bei Anfahrten zu Hohlraumforschfahrten) (vgl. Hubmayr 1994, 34) oder mehr als fünf vollbepackten Koffern ein Fahrschein erworben; dasselbe gilt bei extremer Eile auf dem Weg zu einem Blind-date, Leichenessen oder einer Verehelichung.[31]

Grenzziehung

Um die Gruppenidentität zu stärken, ist es förderlich, eine klare Abgrenzungslinie zu den Fahrscheinerwerbern zu ziehen. Da diese beiden gegensätzlichen Gruppen miteinander personell verwoben sind – in einer Freundesclique sind ebenso die einen wie die anderen vorhanden –, gelingt es bereits durch einfaches Erwischtwerden die Andersartigkeit zu demonstrieren und sein Prestige bei den Zwickverächtern zu fördern. Zwar empfinden selbst die Vergesser Schwarzfahren als Schandfleck in der eigenen Biographie, jedoch nahestehende Personen in der näheren Umgebung werden in den schillerndsten Farben mit einem Anflug von klammheimlicher Genugtuung davon unterrichtet, um die eigene Unkonventionalität zu preisen. Das Bedürfnis, vorteil-

31 Jedes familiäre Zusammentreffen tendiert zum Äußersten.

hafte Reaktionen für einen selbst bei anderen auszulösen, ist eine nahezu konstante Komponente der Persönlichkeit. „Man übertreibt kaum, wenn man sagt, daß nahezu jedes organisierte menschliche Verhalten wenigstens graduell auf die Befriedigung dieses Bedürfnisses abzielt" (Wrong in Steinert 1973, 232).

Gelingt es zwei Automatenverschmähern nicht mehr, die anfahrende Straßenbahn rechtzeitig zu verlassen, und sie werden gemeinsam geschnappt, so richtet sich das Verhalten untereinander nach der Einschätzung des Grades der Professionalisierung des anderen. An der gewählten Methode und der Blauäugigkeit im Umgang mit den Kontrollorganen ist ersichtlich, inwieweit es sich beim anderen um den Schwarzfahrerpapst oder einen Grünschnabel handelt, der noch feucht hinter den Ohren ist. Diejenigen, die sich auf gleicher Stufe befinden, werden sich nach dem ersten Abtasten in ein kurzes Gespräch verwickeln, das über die Wetterlage im oberen Mühlviertel hinausgeht. Beim Zusammentreffen mit rundweg Unkundigen beginnt der Meister in seiner herausragenden, imponierenden Einzigartigkeit zu schwelgen und seine Überlegenheit offen zur Schau zu stellen, indem er etwa den Kontrollor genüßlich verarscht und den zweiten mit Nichtbeachtung straft. Der Wissende wird ehrfürchtig bewundert, all sein Tun bestaunt und seine Handlungen als vorbildhaft betrachtet.

Von den etwas erfahreneren blinden Passagieren werden diejenigen Personen verächtlich betrachtet, die einsteigen, eine Zeitlang mitfahren und dann erst zwicken, weil sie den seelischen Qualen nicht gewachsen sind. Blinde Passagiere, die erst seit kurzem in eine höhere Schwarzfahrerklasse aufgestiegen sind, lehnen ihre früheren Klassengenossen besonders stark ab (vgl. Heintz 1957, 91).

Mit ebensolcher Geringschätzung werden die Gerade-noch-nicht-Schwarzfahrer betrachtet, wie Fahrgäste, welche die Absicht haben, einen Fahrschein zu lösen, denen aber das passende Kleingeld fehlt und die als unruhige Geister dann rastlos im Waggon umherwandeln, um das Geld zusammenzuwechseln. Klar, daß sie unter einem gewissen öffentlichen Druck stehen, da jeder von ihrem Mißgeschick weiß. Nichtsdestoweniger formuliert H. im Geist die Worte: „He, Burschi, fahr doch schwarz, was tust du dir denn an, wegen zwei Stationen? Hearst, Oida, steck des Göd ein, setz die nieda und gib a Ruah."

Da sich der Ehrenkodex bei unterschiedlichen Gruppen heftig unterscheidet, ziehen sie auch verschiedenartige Grenzen, wie weit sie zu gehen bereit sind. Während es bei den einen gegen die Ehre geht, falsche Namen anzugeben, betrachten es andere als Tugend. Auch O. betrachtet es als Ungeist, wenn seine geschätzten Kollegen nach dem Erwischtwerden den Ausweis umgehend zücken, desgleichen stört es ihn, daß manche Apologeten den Bahnsteig während der Fahrt keines Blickes würdigen und auf Teufel komm raus völlig unsystematisch schwarzfahren.

Gegenüber den Kapazitäten des Handwerkes, den Koryphäen der Schwarzfahrt, die es durch edle Bescheidenheit, Durchhaltevermögen und Charisma gleichermaßen geschafft haben, sich einen Platz im Ruhmesgarten zu sichern, nachdem sie jahrzehntelang den entbehrungsreichen Weg dorthin beschritten haben, zieht man es vor, sich in ehrerbietiges Schweigen zu hüllen, anstatt vom Mißgeschick des Ertapptwerdens zu stammeln. Eine weitere Abgrenzung zu anderen Ähnlichgesinnten erreicht der blinde Passagier mit schaurigen, haarsträubenden Geschichten, die mit phantastischen Details ausgeschmückt sind, in denen er sich selbst als einen tollkühnen Kämpfer bezeichnet, der, weder Tod und Teufel fürchtend, durch den Waggon schreitet und sich heldenmütig auf die Kontrollbestien stürzt. Freilich werden jene, die triumphierend von aufsehenerregenden Erlebnissen und Siegeszügen ihrer persönlichen Privatmethoden schildern, nach eingehender Abwägung des Wahrheitsgehaltes oftmals als Sprüchemacher und Großgoscherte enthüllt.

Ertappungshäufigkeit

Während der Eintritt eines Unglücksfalles dem Zufall zugeschrieben wird, da er nicht vorgesehen war, kann seine Erklärung nicht dem Zufall überlassen werden (vgl. Luhmann 1991, 1). Da für den Entwertermißbilliger die Anzahl des Erwischtwerdens einen Anhaltspunkt für die Funktionstüchtigkeit der gewählten Methode darstellt, reagiert er auf den oftmaligen Eintritt dieses unliebsamen Zwischenspiels mit einer Erhöhung der Sicherheitsvorkehrungen oder einer Umgestaltung der Vorgangsweise. Angesichts der Tatsache, daß häufiges Erwischt-werden, wie bereits ausgeführt, das Prestige bei Kollegen eher senkt, trachtet man danach, diesen Umstand zu verbergen oder ihm die dunklen Trübungen zu nehmen und ihn mit Schönmalerei zu bereinigen.

Wegen der deutlichen Unterschiede in der Zuverlässigkeit der Methodik und der Nachdrücklichkeit ihrer Ausführung schwankt die Anzahl von Zahlungszwischenfällen bei menschlichen Geschöpfen mit Zwickabscheu beträchtlich. Die phänomenalsten Ergebnisse erzielt K., ein einsamer Gipfelstürmer, der mit einer erweiterten Don't-cash-and-go-Methode sagenhafte Spitzenwerte erlangt. Nach dem Erwischtwerden verabschiedet er sich mit einem fröhlichen Schmunzeln und jagt davon. In zwanzig Jahren, während seines gesamten Schwarzfahrerwirkens, will er ganze viermal erwischt worden sein, so daß er im Schnitt nur jedes fünfte Jahr einmal zur Kasse gebeten wird. Dazu „hin und wieder einen Zwanziger für einen Fahrschein, das liegt noch in meinem Interesse", ringt sich K. ein Lächeln ab.

Anders verhält es sich bei Z., der vier Jahre lang versehentlich schwarzfährt, bis ein Wächter der Wiener Linien sein dunkles Geheimnis lüftet. H. kommt etwa einmal jährlich in das Labsal und die Genußfreude einer Zwangsbezuschussung der Wiener Linien und erzielt damit eine Jahresersparnis von öS 4700,– (341,6 Euro) im Vergleich zu den Kosten einer Jahreskarte. Sämtliche Kostenrechnungen, die der blinde Passagier anstellen mag, enden immer in den roten Zahlen, da er selbst immer zu zahlen hat und niemals kassiert. P., ein weiterer wohldurchtrainierter und gut übersetzter Läufer, schafft immerhin die Sieben-Monate-Hürde gut.[32]

Die Schwarzfahrerversicherung rechnet pro blinden Passagier durchschnittlich mit einer Zahlung in sechs Monaten. Um die Umsichtigkeit der Versicherten zu fördern und bei Ausübung der Tätigkeit allen das Herz vor Freude lachen zu lassen[33], wird das erhöhte Entgelt höchstens einmal monatlich ausgezahlt. Da der Berufsschwarzfahrer als Kenner der Szene bei einem einigermaßen ausge-

32 Unsichere Datenlage.

33 Von einer gelungenen Schwarzfahrt kann man ein Leben lang geistig zehren.

bauten System bei weitem unter dieser hohen Zahlrate bleibt, wird er kaum in die Versuchung kommen, eine Mitgliedschaft zu erwägen. Bei den einfachen Methoden, wo keinerlei Vorkehrungen zur Schadensabwehr getroffen werden, Fortuna als einziger Entscheidungsträger zugelassen wird, wohin der Kahn steuert, gibt es Epochen mit unterschiedlicher Ertappungshäufigkeit. Dürre Monate, bei denen das Erwischtwerden zum täglichen Brot wird, wechseln sich mit fetten Jahren, in denen die Wahrscheinlichkeit geringer ist, mit einem Kontrollorgan zusammenzutreffen, als auf einen Zeugen Jehavos zu stoßen.

In der ersten Phase wird exakt nachgerechnet, da die eigene Methodik noch rechtfertigungsbedürftig ist, wobei oberste Priorität hat, daß die Kosten des Schwarzfahrens die Ausgaben für eine Monatskarte nicht übersteigen. Nach einiger Zeit erwirtschaftet man sich einen ausreichenden finanziellen Polster und wird damit auch gelassener. Eines Tages ist man reif dafür, Berechnungen generell einzustellen. Eine Schwarzfahrerin: „Und wenn sie mich dreimal am Tag hintereinander erwischen, ich weine dem keine Träne nach."

Einerseits können diese virtuellen Ersparnisse dazu führen, daß man in einer Euphorie schwelgt und riskanter und womöglich fahrlässiger unterwegs ist, andererseits können einen die ersten Erfolge dazu ermuntern, nach noch weiteren Steigerungen zu trachten. Tritt das leidlich unerfreuliche Ereignis zum wiederholten Mal nacheinander ein, so muß als Schadensbegrenzung mehr gefahren werden, um den Verlust wieder hereinzuarbeiten.

Von einem 60jährigen Niederländer wird berichtet, daß er in den vergangen vier Jahren über 700mal beim Schwarzfahren erwischt wurde. Da er niemals die Geldstrafe zahlte, entschied ein Gericht in Utrecht, daß er für jeden Wiederholungsfall einen Tag im Gefängnis abzusitzen hat.

Des Schwarzfahrers Wehgeschick

Zu den Nebeneffekten unerfreulicher Art zählt der Umstand, daß die Fortbewegung selbst zu einer Beschäftigung wird, welche die gesamte Aufmerksamkeit erfordert, so daß sie nicht mit angenehmen Tätigkeiten wie mit einer fesselnden Lektüre, der zarten Melodie lieblicher Tagträumereien, Carmina Burana oder einfach fadem Herumhängen versüßt werden kann. Weiters muß immerfort im Hinterkopf die Ausrede, die genaue Vorgangsweise und womöglich die falsche Adresse behalten werden. Dem Wanderer wird Rast gegönnt, dem Schwarzfahrer niemals. Aufgrund dessen kann es geschehen, daß man nach einem minutenlangen seligen Entschlummern mit einem schweren Schock zurück in die Realität gerissen wird, wenn man schemenhaft wahrnimmt, daß sich draußen nicht eindeutig identifizierbare Gestalten tummeln.

Die permanente Bedrohung durch alles, was sich auf einen zubewegt, führt zu einer hektischen Betriebsamkeit und Unrast. Romantische Blickkontakte und Augenflirts beschränken sich auf die mit den finsteren Kontrollorsgesellen. Es wird nach einem groben Raster vorgegangen, nach dem alle Seienden nach dem Muster mutmaßlicher Fahrscheinprüfer – ja oder nein – eingeteilt werden. Desgleichen muß beim Zusammentreffen mit Freunden und Kommilitonen auf ihren Einweihungsgrad geachtet werden.

BEKLEMMUNG

In den Anfangsmonaten bzw. -jahren, in denen der blinde Passagier, mit den Werkzeugen der Schwarzfahrt noch vollends unvertraut, unschuldig durchs Netz zieht, ist die Fortbewegung mit einem permanenten Schrecken verbunden. Die Zahl der Oden an die Furcht wird nicht geringer, lediglich der Umgang mit ihr wandelt sich; es findet eine Verdrängung oder Rationalisierung der Angst statt, indem man sich die wenig weltbewegenden Folgen in undramatisierter Form vor Augen hält oder rückblickend betrachtet, wie selten man in den Jahren zuvor kontrolliert worden ist. Man beginnt sich also in falscher Sicherheit zu wiegen.

Das Weichwerden der Knie und Schlottern der Füße legt sich erst dann, wenn man genaueste Kenntnis über den Ertappungsvorgang erlangt, sich ein funktionstüchtiges System zurechtgelegt hat und den Kontrollor als völlig gleichwertig betrachtet.

Gleicherweise schwindet mit einer Verringerung des Altersunterschiedes zum Fahrscheinprüfer die Angst. Jedoch selbst routinierte blinde Passagiere werden bisweilen von heftiger Unruhe geschüttelt, und das Herz rutscht in die Hose. Diese Beklommenheit verändert sich allmählich in einen permanten Nervenkitzel, welcher fortan zu einem besonderen Reiz des Lebens wird und dem Schwarzfahrerleben einen Touch von Abenteuer einhaucht.

Mit den Worten der H.: „Schau, wir leben in einer windelweich gewaschenen Gesellschaft, wo es ja keine natürlichen Reize mehr gibt. Ich bin draufgekommen, ich brauche ein gewisses Reizpotential in meinem Leben. Ein bißchen einen Reiz, damit ich weiß, daß ich überhaupt noch lebe." In einer Gruppe von Gleichartigen gibt es ein Zusatzproblem: Obschon die Angst keinesfalls versiegt, gilt es für den blinden Passagier durch kühles Gehabe in brenzligen Situationen den anderen klarzumachen, daß auch nur der Anflug von Besorgtheit völlig inexistent ist. Die anderen werden ihm ihre vollste Unterstützung angedeihen lassen und ihre kleinen Späßchen treiben, indem sie ihn beim Herannahen eines mit einiger Wahrscheinlichkeit in das Täterbild eines Kontrollors passenden Unbekannten mit einem arglosen Lächeln genüßlich fragen: „Fährst du jetzt eigentlich schwarz?"

Der weitverbreitetste Zeitpunkt des Einsetzens von Herzpochen ist dann, wenn unnatürliche Personen, in unnatürlicher Gewandung, sich unnatürlich auf einen zubewegen. Angsthasen und Phobiker zittern jetzt wie Espenlaub und sterben tausend Tode.[34]

Bei den Wahrscheinlichkeitsfahrern, welche die Gesichter der Vertragsbediensteten nicht von denen der übrigen Fahrgäste zu unterschieden vermögen, tritt das Herzklopfen erst dann ein, wenn erstere leibhaftig vor ihnen stehen. Eine weitere Befürchtung, auf die bohrenden Fragen nach dem Warum eine Antwort finden zu müssen, kann unterbleiben, da sie im Gegensatz zu früher nicht mehr gestellt werden. Eine dritte Form der Angst ist die vor den gaffenden Gesichtern, die einen mit Genugtuung aufs Schafott begleiten würden. Bei einer

---

34 Allerdings behauptet nicht ohne Grund der Volksmund: Wer früher stirbt ist länger tot.

genügenden Anzahl von Mitstreitern neutralisiert sich diese Empfindung.

Furcht oder ein mulmiges Gefühl, wie es gerne umschrieben wird, hat auch der Kurzstreckenläufer, bevor er seine Spitzengeschwindigkeit erlangt hat. „Das Adrenalin ist trotzdem immer wieder stärker als ich", kleidet es einer der bekanntesten Vertreter dieser Spezies in eigene Worte.

Bei Automatenscheuen, bei denen ihr gutsortiertes Sortiment an Verfahren zur Verhinderung von unliebsamen Zahlaufforderungen zum wiederholten Male nicht gefruchtet hat, steigert sich die Angst vor einer weiteren ins Unermeßliche. Es braucht nicht weiter ausgeführt werden, daß auch der Kontrollor mit Angstsalven durchs Netz zieht.

Wechselbeziehung zwischen Schwarzfahrer und Transportgesellschaft

Blinde Passagiere sind begeisterte Verkehrsteilnehmer, die im Individualverkehr keine Zukunft sehen und energisch für den Ausbau der öffentlichen Verkehrsmittel eintreten, wenn auch nicht in Form von Stützzahlungen. Freilich finden sich auch gegenteilige Ansichten von Personen, die an den langen Wartezeiten, am gemächlichen Schneckentempo, dem ewigen Dahinbrodeln und dem Raumangebot in der Stoßzeit von unter 10 cm² pro Person Kritik üben.

Offene Ohren und reges Interesse an den Vorgängen innerhalb der Wiener Linien ist für den Niemals-Drücker unabdingbar, da er hochnotwendige Informationen darüber erhält, wie er sein Überleben sichern kann. Obendrein muß er sich methodisch auf dem laufenden halten.

Er fühlt sich als Teil der Transportgesellschaft, wenn auch – im Jargon von H. – „auf der anderen Straßenseite". Bei blinden Passagieren und Kontrollbediensteten handelt es sich um Gegenspieler, wobei der eine nicht ohne den anderen zu leben imstande wäre, wie beiden klar ist. Nur durch das Vorhandensein von Zwickwächtern kann der blinde Passagier sich am Reiz des Verbotenen ergötzen, von den anderen Fahrgästen abgrenzen und im Muskelspiel mit andern üben, der Kontrollor ist somit das Manna des Schwarzfahrers.

Andererseits nährt der Schwarzfahrer auch das Kontrollorgan, weshalb es für ihn zielführend ist, immer ein paar von den blinden Passagieren gehen zu lassen, da ja ansonsten ihr Beruf vom Aussterben bedroht wäre, sie leben also von dem, was sie bekämpfen. Auf diese Art und Weise fühlt sich der Kappler dem Schwarzfahrer zugehörig und umgekehrt, sie befruchten sich also gegenseitig. Sie arbeiten außerdem im selben Weinberg, nämlich in den öffentlichen Verkehrsmitteln. Da sich in der Unterschicht die Lebensgestaltung zwischen Nichtzwickern und Organen nur geringfügig unterscheidet, kann es zu einer Durchdringung ihrer Welten und einem Austausch von Lebensstilen kommen (vgl. Matza 1973, 77).

Anders sieht es bei der Auswahl der Strategie und bei der Ersinnung von geeigneten Bekämpfungsmethoden; hier sind Kappler und Nichtdrücker eindeutige Konkurrenten.

Der Ideenaustausch findet dahingehend statt, daß auf die neu erschaffenen Vorgangsweisen entgegnet werden muß. Zunächst hinken die Methoden der Kontrollore hinter denen der Schwarzfahrer kräftig nach, als sie nur eine Reaktionen darauf sind. Dann jedoch ersinnt der Leiter der Kontrollabteilung eine deutlich verfeinerte Bekämpfungsmaschinerie, und die Kreativität der Gegenseite ist abermals gefordert.

Das Vorurteil des Zwickscheuen

Auch unter den Schwarzfahrern gibt es eine Reihe von festgefahrenen Vorstellungen über die Lebenswelt der Kontrollorgane. Das Vorurteil unterscheidet sich von anderen Urteilen grundsätzlich darin, „daß es nicht umkehrbar sei, wenn es mit der Wirklichkeit konfrontiert wird" (Heintz 1957, 43). Jedoch darf auch die wichtige soziale Orientierungsfunktion nicht unterschätzt werden, ohne die das menschliche Zusammenleben gar nicht möglich ist.

Die größte Gemeinsamkeit in der Auffassung unter den blinden Passagieren besteht darin, daß sie Kontrollorgane als grausame Großinquisitoren betrachten: „Es macht ihnen Spaß, sich ein bißchen aufzuspielen, es sind Sadisten also", wie eine Studentin der Psychologie bemerkt. Sie haben Freude daran, andere zu quälen. Einige äußern sich kritisch über ihre Biederkeit und bezeichnen sie als konterrevolutionär und Kettenhunde der Bourgeoisie. Interessanterweise betrachten sich sowohl Schwarzfahrer als auch Kontrollore als Geknechtete.

„Es gibt zu viele, debile, senile Zivile"; darf man diesem oft zitierten Sponti-Spruch der 8oer Jahre Glauben schenken, dann betrachten viele Schwarzfahrer die Organe als jämmerliche Kreaturen, die von einfachem Gemüt sind und in Primitivkulturen in einer begrenzten Welt ihr Dasein fristen. Sie haben einen beschränkten geistigen Horizont, und für das Anwerfen des Denkapparates benötigen sie Stunden, einigen gelingt es gar nicht. Nichtzwicker mit ähnlich gearteter Vorstellung kommen gar nicht auf die Idee eines Entgegenkommens in welcher Form auch immer. „Das sind zwei Welten. Ich würde nicht im Traum daran denken, mich mit denen auf ein Pack'l zu hauen" (O.). Fast alle von ihnen finden es darüber hinaus als weit unter ihrer Würde, auf diese Art und Weise ihr Brot zu verdienen.

Den meisten Organen wird auch eine sehr hohe Motivation zugeschrieben, ohne daß dies von den Schwarzfahrern als Veranlassung zum Jubel betrachtet wird. Die bescheinigte Motivation kann aber auch davon herrühren, daß Pausierende, die sich abseits der U-Bahn ihr Butterbrot streichen und ihren Hofer-Neun-neunzig-Stollen[35] futtern, gar nicht als Organe erkannt, sondern mit Obdachlosen verwechselt werden.

Da eine Reihe von Ähnlichkeiten bestehen, wird von vielen der Vergleich mit den Grün-Bemäntelten herangezogen. Die Seelenverwandtschaft mit der Polizei beschreibt P. wie folgt: Schwarzkappler seien „weniger tief als Polizisten, so daß er nicht motiviert sei, sie niederzuhauen", ein edler Zug, fast ritterlich. An anderer Stelle heißt es, Schwarzkappler seien „arme Menschen, Sheriffs, die zu depert sind, Polizisten zu werden". Und auf die Frage, ob er schon einmal mit

35 In rasender Geschwindigkeit, so daß selbst dem Betrachter schummrig vor Augen wird, klopfen die extrem fingerfertigen Kassiererinnen der Hofer-Filialen die Preise in die Kasse. Bei näherem Hinsehen fällt auf, daß fast alle Waren neun Schilling neunzig kosten, so daß findige Angestellte angeregt haben, Kassen mit einer eigenen Taste für „neun-neunzig" herzustellen.

einem von ihnen gesprochen habe: „Nein, ich rede nicht mit solchen Leuten, was soll ich mit ihnen reden?" Ein Lächeln huscht ihm übers Gesicht: „Des san wirklich net meine Haberer." Ob es auch andere gebe, entzieht sich seiner Kenntnis.

Der Anteil der Studenten, der Kontrolloren höchste Wertschätzung entgegenbringt, ist gemessen an der Gesamtpopulation aller Studierenden verschwindend gering. Alle Versuche, seitens der Organe dieses Image abzuwenden, ist vergebliches Liebesmühn. Jedoch gibt es auch von studentischer Seite kaum jemanden, der sie ernsthaft um ihren Job beneidet. Höflichkeit und einigermaßen gutes Benehmen wird den meisten Kontrolloren schon zugestanden, zumindest von denen, die gewillt sind, nach dem Erwischtwerden bar einen halben Landsteiner (40,7 Euro) hinzublättern. Vor allem Nichtinländer sind jedoch oftmals mit kratzbürstigen und ungehobelten Verhaltensweisen konfrontiert. „Ja den meisten Leuten ist es ja auch Wurscht, wenn man sie anschnauzt, aber ich bin halt empfindlich auf Leute, die brüllen", schildert P. seine Erfahrungen.

Geheimnis und Tarnung

Da die Tätigkeit des Schwarzfahrens zum einen ungesetzlich, zum anderen vom gesunden Volksempfinden mit Verachtung gestraft wird, kann sie nur anonym durchgeführt werden. Ohne die Verwendung des Geheimnisses als Form des Handelns können gewisse Ziele überhaupt nicht erreicht werden (vgl. Simmel 1968, 274).

Als der Verfasser mit einem selbstgemalten Schild mit der Aufschrift „Ich bin Schwarzfahrer" im U-Bahn-Netz herumfährt[36], gibt es von den Mitfahrenden klare Reaktionen auf seine klare Offenlegung. So manches Gesicht verdunkelt sich wie vor einem Gewitterausbruch. Diese Personen betrachten Schwarzfahrer als Abschaum und können dies nun öffentlich kundtun. Andere leben dergestalt an der Wirklichkeit vorbei, daß sie gar nichts wahrnehmen. Wieder andere betrachten

---

36 Gleichsam als kleines Krisenexperiment im Garfinkelschen Sinne (vgl. Garfinkel 1992).

den Verfasser als wahnwitzigen Toren, der das Unglück in Gestalt der Kappler magisch anzieht. Gut, einige reagieren mit einem versteckten Grinsen oder brechen ungeniert in lautes Gelächter aus. Sie zeigen damit offen, daß sie zumindest bisweilen zum Club dazugehören. Keine einzige Person jedoch kommt auf ihn zu mit den Worten: „Auch ich, mein Sohn Brutus."

Erstaunlicherweise betrachten die Fahrscheinprüfer selbst das Schild als Hänselung und sehen daher von einer Kontrolle ab. Beim hochqualifizierten blinden Passagier wird beim Einfahren die Inspizierung und Inaugenscheinnahme des Bahnsteiges so durchgeführt, daß nicht schielende Blicke bis zum übernächsten Waggon fremdgehen, sondern seine Informationsbegierde zumindest nach außen hin in Zaum gehalten wird.

Auch das direkte Ansehen des Kontrollorgans, wenn es bereits bei den anderen die Fahrscheine prüft, das plötzliche Einstellen jeglicher Konversation mit Mitfahrern und den nervösen Blick wird man bei erfahrenen blinden Passagieren nicht finden. Wer hingegen hektisch aufspringt und behende zum Ausgang eilt, gleichgültig in welchen Tempo, kann ebensogut zum Fahrscheinprüfer mit den Worten „Hier bin ich" gehen. Auch die Überdarstellung als braver Zwicker kann Verdacht auf einen lenken, da der wirkliche Zwicker keinerlei Veranlassung hat, diese Rolle zu spielen, sondern individuelle Besonderheiten an den Tag legt. Selbst das Wahren des kühlsten Mondgesichtes mit dem Ausdruck dessen, der um hunderttausend Schilling pokert, kann Mißtrauen erwecken.

Das Geheimnis ist eine allgemeine Ausdrucksform, die neutral über den Wertbedeutungen und der Beschaffenheit ihrer Inhalte steht. Es kann einerseits die höchsten Werte in sich aufnehmen, „andrerseits steht zwar nicht das Geheimnis mit dem Bösen, aber das Böse mit dem Geheimnis in einem unmittelbaren Zusammenhang. Es liegt nahe, daß sich das Böse zu verbergen trachtet" (Simmel 1968, 274).

Die Methoden

Für die einen als Kompendium[37] zum Nachschlagen gedacht, das in einfacher, verständnisvoller Art unter Berücksichtigung der neueren Strömungen die Vorgangsweise im Feld erläutert, für den Denker zu Hause als Anstoß zu einer eingehenden Betrachtung der Überlebensmechanismen einer Gruppe gedacht. Die vorgestellten Methoden – wie könnte es anders sein – sind freilich nicht zur Nachahmung gedacht, weshalb wir auf Lehrbeispiele verzichtet haben.

Es ist still geworden um die großen Meister des Schwarzfahrens. Einigen wurde ein Denkmal gesetzt, wie der herausragenden H., indem die Essenz ihres Schaffens an dieser Stelle fein säuberlich aufgelistet wird, um sie der Vergessenheit zu entreißen. Obschon es ein gewaltiges Repertoire an Methoden gibt, um einer Kontrolle zu entgehen, bescheiden wir uns hier auf das Anführen der gängigsten. Ungeachtet dessen, daß sämtliche Systeme in Wien erprobt wurden, sind sie bedenkenlos auf andere deutschsprachigen Städte übertragbar.

Der Methodenklassiker; die Lehren der H.

Zuvörderst folgt eine kurze Darlegung der Phasen, die durchgemacht werden; vom Trottoir zu den Höhen des Schwarzfahrens ist es ein steiniger, hindernisreicher Weg. Die ersten Erfahrungen werden mit simplen, nahezu primitiven Strategien gemacht. Durch Phantasie, Einfallsreichtum, Geist und Witz werden diese ersten Versuche fortwährend verfeinert und veredelt. Anfangs wird zu Methoden gegriffen, bei denen die einzige strafbare Tat die nichterlaubte Fortbewegung ist. Mit der Zeit beginnt das Verbotene alltäglich zu werden, und man beginnt es mit Rechtfertigungen zu neutralisieren. Falls nun zusätzlich die bisherige Vorgangsweise kläglich zum Scheitern verurteilt war, ist

---

37 Als Lehrbehelf auch an Schulen zugelassen.

eine weitere wichtige Voraussetzung für einen Weg zu noch verboteneren Praktiken gegeben.

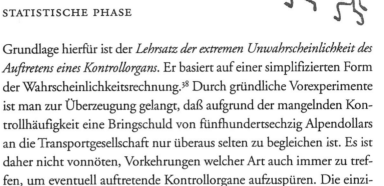

STATISTISCHE PHASE

Grundlage hierfür ist der *Lehrsatz der extremen Unwahrscheinlichkeit des Auftretens eines Kontrollorgans.* Er basiert auf einer simplifizierten Form der Wahrscheinlichkeitsrechnung.[38] Durch gründliche Vorexperimente ist man zur Überzeugung gelangt, daß aufgrund der mangelnden Kontrollhäufigkeit eine Bringschuld von fünfhundertsechzig Alpendollars an die Transportgesellschaft nur überaus selten zu begleichen ist. Es ist daher nicht vonnöten, Vorkehrungen welcher Art auch immer zu treffen, um eventuell auftretende Kontrollorgane aufzuspüren. Die einzigen Sicherungsmaßnahmen, die getroffen werden, sind eine penible Kassaführung mit sorgfältiger Überprüfung der Ein- und Ausgänge. Zeichnet sich unter dem Strich eine weitgehend positive Bilanz ab, sitzt man achtlos in den Öffis und ahnt in dieser unbesorgten Phase der Reinheit und Unbeflecktheit nichts von den bitteren Härten späterer Kämpfe. Man läßt sich nieder und genießt je nach Streckenführung die vorbeirauschende Wald-, Seen- oder Hügellandschaft.

Von der Idee hat es eine entfernte Verwandtschaft mit dem russischen Roulett, mit dem Unterschied, daß weniger Leichen anfallen. Bleibt man in dieser Phase stehen, neigt man zu einer deterministischen Denkweise – „Es ist eh alles so Wurscht" –, überläßt also alle Entscheidungen dem Kismet oder Karma. Der Versicherungsmathematiker, der in der Freizeit schwarzfährt, weiß, daß sich das Risiko durch Multiplikation von Schadenshöhe und Schadenswahrscheinlichkeit errechnen

---

38 Das nach wie vor genialste Einführungswerk stellt die von Waldhör geschaffene, mittlerweile zum Standardwerk avancierte Schrift „Ist die räumliche Verteilung der Mortilitätsraten in Österreich zufällig?" dar (Wien 1991). Es ist der bisherige Höhepunkt seines Werkschaffens; brandaktuelle Fragestellungen wie beispielsweise: „Wie robust ist der t-Test wirklich?" werden auch dem Nichtstatistiker in zugleich spannender wie unterhaltsamer Form vor Augen geführt.

läßt. Im Gegensatz dazu betrachtet Heinze das Risiko als die Abschätzung der Frage, wie oft die Fahrt ohne Fahrschein angetreten werden kann, ohne erwischt zu werden (vgl. Heinze 1975, 73).

Selbst dann, wenn die Bilanz wenig Anlaß zu Besorgnis gibt und die Kassabeutel klingeln, dämmert es irgendwann jedem, daß sich die Kontrollorgane in ihrem Auftreten, der Kleidung und ihrem Gehabe stark ähneln. Das System wird aus späterer Sicht als Jugendtorheit abgetan.

BEOBACHTUNGSPHASE

In der zweiten Phase beginnt der blinde Passagier seine Gegenspieler einer genauesten Betrachtung zu unterziehen und bei ihnen eine gemeinsame Ordnung und Systematik herauszuarbeiten. Immer dann, wenn ein Schwarzkappler als solcher erkenntlich ist, wird der Typ, die Art der Kleidung, das Verhalten und die Gestik genau eingeprägt. Ebenso wird die Beschaffenheit der Unterhaltung zwischen ihnen, der Bewegung, der Gespräche miteinander, des Gepäcks, der Stimmung, des Alters und der Blicke untersucht. Damit erweitert sich die Liste der gemeinsamen Merkmale beträchtlich. Auch die Zeiten ihres bevorzugten Auftretens werden in den Katalog aufgenommen. Durch intensive Personenstudien gelangt man schließlich zu einem realistischen Bild eines Fahrscheinprüfers.

Immer dann, wenn das Ebenbild eines vermeintlichen Organs erblickt wird, wird die Straßenbahn verlassen, um eine Zahlung zu verhindern. Draußen wird überprüft, ob es sich um einen Treffer oder Blindgänger handelt, zum einen, um daraus zu lernen, zum anderen als Feuerprobe für das gewählte System. Mehren sich die erfolgreichen Zuordnungen, so beginnt man in unbekümmertem Leichtsinn zu schwelgen. Die Prävention beeinflußt freilich auch die Bereitschaft zum Risiko und stellt damit eine der Bedingungen des Schadenseintrittes dar (vgl. Luhmann 1991, 38). Alleine bevor der blinde Passagier ausreichend mit dem äußerlichen Erscheinungsbild des Fahrscheinprüfers vertraut ist, bezahlt er sein Lehrgeld, da er eher dazu tendiert, in Zweifelsfällen drinnen zu bleiben.

Eine weitere häufige Fehlreaktion besteht darin, beim ersten Sichten eines mutmaßlichen Kontrollors wie von der Tarantel gestochen zum rettenden Ausstieg zu hetzen und dort mit einem flehenden, winselnden Blick sehnsüchtig nach draußen zu starren. Gewisse Kontrollore sind hinsichtlich ihres Aussehens und ihres Gehabes derart charakteristisch, daß sie in der Bevölkerung einen Wiedererkennwert von nahezu hundert Prozent haben („Ah, der Blaade!"). Auf ihren Stammstrecken findet man fast immer dieselben Kontrollorgane. Da sie vorschriftsgemäß auch auf dem Heimweg zu ihren Wohnungen den Dienst versehen müssen, sind sie in diesen Rayons vor allem abends weithin bekannt.

Damit muß bereits eine schwere Form von Gedächtnisschwund vorliegen, wenn nicht nach dem zehnten Mal des Erwischtwerdens von ein und derselben Person, bei seinem elften Einsteigen irgendwo in den Tiefen des Kleinhirns ein winziges Aha-Erlebnis nach oben dringt und alle Alarmglocken zu läuten beginnen. Andererseits kann beim oftmaligen Zusammentreffen mit dem *Persönlichen Betreuer* daraus so etwas wie eine innige, inbrünstige Freundschaft erwachsen. „Ich habe ihn angeschaut, er hat herausgedeutet, wir kennen uns schon", verzieht K. sein Gesicht zu einem breiten Grinsen.

HYSTERIEPHASE

Eine Zwischenepoche, die in der Zeit der Beobachtung auftreten kann, die über Jahre hinweg anzuhalten vermag, und vor der auch der Furchtlose nicht gänzlich gefeit ist, kann als Hysteriephase bezeichnet werden. In dieser Zeit ist man von einem Verfolgungswahn befallen, der sich darin äußert, daß man beim Einsteigen beliebiger Personen immer annimmt, es handle sich um Kappler, aus Unbesonnenheit blitzschnell aufspringt und panikartig zum Ausgang eilt. In dieser nervösen Phase wird Schwarzfahren zu einer schauderhaften, grauenerregenden Tätigkeit.

Häufen sich Ereignisse dieser Art, so beschwichtigt man seinen Geist mit mahnenden Worten, wie etwa: „Hörst, so geht das nicht weiter, du holst dir ja einen Nervenkasperl!" Selbst dann, wenn das letzte Mal des Erwischtwerdens Monate zurückliegt, beginnt diese Fortbewegungsform wie ein dunkler Fleck auf der Seele zu lasten. Noch übler verhält es sich, wenn es am Vortag zu einem folgenschweren Vorfall gekommen ist, bei dem öS 560,– (40,7 Euro) flink den Besitzer wechselten, oder wenn alles versucht wird, selbiges zu verhindern.

Die vermehrten ständigen Aufenthalte in Wartehäuschen führen zu einem häufigen Zuspätkommen, was die Unruhe während der Fahrt weiter aufpeitscht und nicht gerade Balsam für die angeschlagene Selbstachtung ist. Es gibt also kein Fortkommen und kein Leben mehr. Erst mit der Zeit, wenn keine äußeren Ereignisse dagegen sprechen, kann die innere Ruhe wiedergefunden werden. Für den Einstieg in das neue verheißene Land eignen sich Straßenbahnen und Busse besser, da sich die überwiegende Zahl der Passagiere darin wohler fühlt. Ein Großteil der blinden Passagiere empfindet mehr Geborgenheit und Behütetheit bei der Fahrt in den weniger schnellen Verkehrsmitteln. Die Straßenbahn wird nicht ob ihrer innenarchitektonischen Höhepunkte und ihres gediegenen Ambientes bevorzugt, sondern da die Platzwahl in der notwendigen Gemütsruhe und Beschaulichkeit erfolgen kann und da die richtigen Sitzplätze einen grandiosen Überblick verheißen.

Die Nachteile von U-Bahnen sind leicht ersichtlich: Aufgrund der sagenhaften Hochgeschwindigkeit, der gigantischen Beschleunigungs- und Bremsleistung sinkt die Verweildauer im Stationsbereich erheblich, so daß rascher überlegt und entschieden werden muß, ob bei Auftauchen einer dubiosen Personengruppe der Waggon verlassen werden soll. Desgleichen befinden sich die Sitzplätze auf einer dergestalt niedrigen Ebene, daß die draußen Verweilenden fast nicht überblickt werden können.

In der Stoßzeit, wenn sich im Stationsbereich Abertausende Menschen tummeln, gleich einem Ameisenhaufen eine unendliche Schar werktätiger Massen vom Eingang zum Ausgang der U-Bahn hin- und wegströmen, ist ohnehin keine Hoffnung auf Identifizierung von Kontrollorganen gegeben. Da man vorwiegend in den Morgenstunden hilflos den Stadtwerken ausgesetzt ist, kann es in diesem Fall am günstigen sein, sich dieser drückenden Last und Bürde, die auf einem lastet, zu entledigen und frohen Mutes einfach weiterzudösen. Gerade in den vollsten Waggons befinden sich nämlich die sichersten Plätze, da sie für eine Kontrolle völlig ungeeignet sind. Aufgrund der Unmenge von Reisenden ist die Wahrscheinlichkeit, auf einen Kontrollor zu stoßen, minimal, so daß es den Anschein hat, als ob Kontrollen zu diesem Zeitpunkt überhaupt eingestellt würden. Nach einem längeren, etwa krankheitsbedingten Aussetzen der Schwarzfahrertätigkeit erfolgt der Wiedereinstieg in der heißgeliebten Hysteriephase.

PHASE DES REINEN GLEICHMUTES

In dieser nirwanagleichen Oase der Glückseligkeit wird Leid, Betrübnis und Verzweiflung ausgelöscht, alles ist eitel Wonne. Nichtsdestoweniger bleibt in der völligen Gleichgültigkeit die erhöhte Wachsamkeit, die Starrheit und Schlaffheit entsagt, bestehen. Völlige Konzentration kann damit erreicht werden, indem man die Einspitzigkeit des Geistes herbeiführt, wie es der Buddhismus lehrt (vgl. Frauwallner 1953, 167).

Wesenszüge, die sich blinde Passagiere im fortgeschrittenen Stadium in jedem Fall anzueignen haben, sind eine sorgfältige Beobachtungsgabe und analytisches Denken. Ebenso erleichtert das geschulte Auge mit dem Blick für das Wesentliche den Umgang mit auftauchenden Problemen. Bei völliger Kenntnis aller für die Schwarzfahrt maßgeblichen Regeln und Bräuche wird nur dann aus dem Verkehrsmittel ausgestiegen, wenn tatsächlich ein Kontrollorgan des Weges kommt. Nichtsdestotrotz kann es jedoch des öfteren geschehen, daß aus Bequemlichkeit, Starrheit und Schlaffheit drinnen geblieben wird, wenn ein vermeintlicher Störenfried einsteigt (Trägheitsgesetz). Mit der Zeit verselbständigt sich die Methodik und läuft auch dann automatisch ab, wenn gelegentlich ein Fahrschein entwertet wird.

Bereits Kindern ist die Faustregel vertraut: Nicht nur, wo Kontrollor draufsteht, ist auch Kontrollor drinnen. Die größte Unbekannte für den Lernenden stellt daher Aussehen und Gestalt des Fahrscheinprüfers dar. Aus der anfänglichen düsteren Ahnung erwächst allmählich eine genaue Vorstellung darüber, und der blinde Passagier vermag beim Auftreten einer Persona non grata verzögerungsfrei die Bim zu verlassen. Im Wandel der Zeit beginnen die Mühlen der Erkenntnis, wer dazu zählt und wer nicht, immer schneller zu mahlen. Die Urteilsfindung verläuft nun, anders als bei Strafprozessen, unendlich rasch.

Wiewohl manche Entscheidungen eher auf Intuition als auf Überlegungen fußen, gibt es doch umfangreiche Theorien darüber, wie Kontrollorgane aussehen und gekleidet sind, um sie beizeiten zu identifizieren.

Debütanten werden oftmals in heftiges Erstaunen versetzt, frühmorgens, mitternachts oder am Tag des Herrn mit einem Günstling der Wiener Linien zusammenzutreffen. Der Wissende ist zur Einsicht gelangt, daß zu jeder Stunde eine Fahrscheinprüferparty stattfinden kann, auch wenn gewisse Zeiten kontrollorgeschwängert sind. So wird in der brütenden Hitze des Sommers die Anzahl der Überprüfungen um ein Drittel gesenkt. Ein bedeutsames Erkennungsmerkmal ist, daß die Organe als professionelle Teilnehmer im öffentlichen Verkehr anders als gewöhnliche Fahrgäste auftreten. Da sie davon ausgehen müssen, jederzeit vom Leiter oder Kollegen angetroffen zu werden, ist ihre Zugehörigkeit zu den Wiener Linien auch für Einsteiger verhältnismäßig leicht erkennbar.

Sie sind in gespannter, lustloser Arbeitsstimmung, manchen sticht ihr Grant aus den Augen. Während abends die Heimkehrer vor Glück und Überschwang strotzen und sich in der Kunst des Müßiggangs üben, müssen sich die Kontrollore mit der Ausübung ihrer ungeliebten Tätigkeit herumquälen. Aufgrund ihrer Unerfreutheit darüber, schlurfen sie bedächtig und vollends ohne Hektik umher. Das Aussehen ist verwelkten Narzissen nicht unähnlich. Sie verhalten sich so, als wäre die U-Bahn ihr persönlicher Arbeitsbereich und der Wagen ihr Wohnzimmer. Der für jeden Beteiligten öffentliche Raum der Station ist für sie ein Intimbereich. Noch bevor sie die Kontrolltätigkeit beginnen, gebaren sie sich gleich Ersten Kapitänen oder Generaldirektoren.

Ein weiteres Zeichen wäre, daß sie am U-Bahn-Leben unbeteiligt sind und im Stationsbereich fremd wirken. In der Regel zeigen sie keinerlei Gefühle; noch augenscheinlicher ist die extreme Langeweile und Mattheit. Der Großteil von ihnen ist nicht gerade verschwenderisch mit einem Lächeln und hat ein Aussehen wie das Leiden Christi.

Ein wichtiges Unterscheidungsmerkmal zu den Gewöhnlichen besteht darin, daß die Straßenbahnüberwacher sich gegenseitig in ausgiebige Gespräche verwickeln, während andere stumm sind. Aus der Thematik kann geschlossen werden, daß es sich um ein dienstliches Gespräch handelt, wohingegen in den übrigen Gesprächsrunden eine erweiterte Themenvielfalt vorliegt. Zudem sind Plauscherln, die über das Wetterlage-Motiv hinausgehen, rar gesät. Es herrscht eine Distanzbeziehung vor, wirkliche Freundschaften entstehen nicht. Die Sprache ist nicht von der ausgefeilten, geschliffenen Art des Bildungsbürgertums, sondern eher ungeschlacht.

Eine einfache und jedem einleuchtende Methode, ein Organ zu erkennen, ist die Betrachtung seines Alters. Da sie notwendigerweise im berufsfähigen Alter sein müssen, kommen Zittergreise, die bereits Moos angesetzt haben, ebenso wie Jugendliche und Kinder nicht in Betracht. Der Kappler ist fast niemals alleine, außer dann, wenn im gesamten Waggon sich nur vereinzelt Personen niedergelassen haben, die für ihn im Alleingang zu schaffen sind. In diesem Falle trennen sich zwei von ihnen draußen und treffen sich nach dem Überprüfvorgang dort wieder. In der überwiegenden Zahl der Fälle machen sie es sich nicht behaglich, indem sie drinnen einen Sitzplatz einnehmen. Ihre Bewegungen, ihr Herumtrotten ist nicht vom Charme und der Grazie einer Csárdástänzerin, sondern eher bodenständig. Im Stationsbereich haben sie eine unnatürliche Starrheit, wenn sie sich überhaupt bewegen, dann aufeinander abgestimmt.

Sie entstammen vorwiegend dem gehobenen Hausmeistermilieu.[39] Auf Linien, die durch Bezirke verkehren, in denen vorwiegend Ober-

39 Das Triumvirat aus Hausmeister, Putzfrau und Postmann bildet ein Sozial-

schichtangehörige residieren, ist es leichter, Kontrollore ausfindig zu machen, als in Unterschichtbezirken, wo die Differenzierung schwerfällt. Die Mode entspricht Unterschichtangehörigen, die den Eindruck eines elegant gekleideten Mittelschichtzugehörigen erwecken wollen. Die klassische ältere Generation ist unschwer daran zu erkennen, daß sie extrem farblos gekleidet ist. Einer ihrer merkwürdigsten, geheimnisvollsten Eigenarten ist, daß sie behost sind und ihre schlapprigen, weiten Jeans erst fünf Zentimeter unterhalb der Schuhe enden, so daß sie ein natürliches Auffangbecken für Staub, Schlamm und bisweilen auch Hundefäkalien bilden.

Eine weitere Besonderheit, aufgrund derer sich die Zugehörigkeit zur Kontrollorsclique unschwer verleugnen läßt, ist ihre Vorliebe für Schöps-Freizeitjacken.

Jegliche Form von bequemer, spottbilliger und zum Schleuderpreis angekaufter Kleidung wird mit Vorliebe getragen, wobei die einzige wesentliche Anforderung ist, daß sie ausreichend Platz im Inneren bietet, um den dicken Block zu verstauen. Eine Jacke mit einer riesigen Ausbeulung ist ein sicherer Hinweis für einen inseitig befindlichen Billettprüfer. In der Winterszeit sind es entweder Anorak oder dieselben dicken, schweren Jacketts, die auch in Omsk und Novosibirsk reißenden Absatz finden. Vor allem in den Wartehäuschen der Straßenbahnen ist der Kontrollor der Kälte hilflos ausgesetzt, weshalb warme Kleidung unerläßlich ist. Bei einem Irlandtief muß er vor dem herniederprasselnden Starkregen gewappnet sein, indem er sich einen schützenden Wetterfleck oder eine Regenjacke überzieht. Die Gesamtauswahl der Kleidungsstücke und ihre Zusammenstellung ist für den Außenstehenden keine ausgesprochene Augenweide.

Da die Berufsausübung mit langen, mühseligen Wanderungen über Stock und Stein verbunden ist, benötigt er – gleich einem Wandersmanne – gutes Schuhwerk, wie zum Beispiel Turnschuhe. Lackschuhe und genagelte Goiserer werden wir schon deshalb nicht vorfinden, weil

netz, das undurchdringlicher ist als der Dschungel von Zentraltogo. Ein Hausmeister mag spätnachts in volltrunkenem Zustand grölend durchs Haus ziehen, er bleibt immer ein Mensch. Der Postler hingegen ist ein Tröster der Pensionisten.

sie die Fortbewegung zur Pein werden lassen. Auch die Mitnahme von tonnenschweren Koffern behindert die Hurtigkeit, weshalb im Regelfall mit allerhöchstens einem Handgepäckstück vorliebgenommen wird.

Die geringen Abmessungen eines Herrenhandtascherls, gerade groß genug, daß ohne erhebliche Mühe das Büchlein und ein Block verstaut werden können[40], machte es noch bis Anfang der 90er Jahre bei Kontrollorganen zu einem idealen Wegbegleiter. Das Märlein von der neuen Einheitstracht verbreitete sich in Schwarzfahrerkreisen jedoch wie ein Lauffeuer, so daß es heutzutage bereits geächtet ist. Eine der weitverbreitetsten Irrlehren auch bei angesehenen, hochverdienten, von allen vergötterten blinden Passagieren ist, daß das Kontrollorgan und das Tascherl ein Herz und eine Seele sei, die niemals getrennt auftreten würden.

Weibliches Personal zur Überprüfung der Fahrscheine wird überaus selten eingesetzt. Aus Besorgnis um ihre Sicherheit werden sie von der Direktion nur gemeinsam mit Kraftlackeln eingesetzt. Mit Ausnahme der Behosung und der Bekleidung gelten die ausgeführten Erkennungsmerkmale für sie in gleicher Weise; in Zweifelsfällen sind sie unschwer an ihren Begleitern erkenntlich.

Eine weitere Eigentümlichkeit ist ihre Erscheinungsform. Beim Warten innerhalb geschlossener Einheiten, wie Wartehäuschen und Bahnsteigen, spiegeln sich bei zweien oftmals der von ihnen eingeschlagene Kurs und die eingenommenen Sitz- und Stehplätze entlang einer gedachten Symmetrielinie, die in einem rechten Winkel zur Fahrtrichtung steht. Auch die Körperstellung ähnelt stark. Der aufmerksame Betrachter gewahrt, daß drei Kontrollorgane entweder in einem gleichseitigen oder gleichschenkeligen Dreieck zusammenstehen.

Eine weitere wunderliche Schrulle ist vielen Kontrollorganen zu eigen. Stehen sie mit dem Rücken zum Eingang, rücken sie in den Stationen beiseite, um den hereinströmenden Personen Platz zu schaffen. Dieser Vorgang ist derart verinnerlicht und verselbständigt, daß sie es auch dann tun, wenn gar niemand einsteigt. Der geübte blinde Passa-

40 Ein prahlerisches, offenes Umherschlenkern des Dienstabzeichens wäre weitgehend zweckentfremdet.

gier erkennt mit einem Blick, daß die Entfernung zwischen mehreren Kontrollorganen unnatürlich ist. Für eine völlige Unvertrautheit ist sie zu gering, für Bekanntschaft oder Freundschaft zu erheblich. Ein weiteres Mißverhältnis besteht zwischen ihrer körperlichen Zugewandtheit, die nach Patterson erhöhte Sympathie anzeigt (vgl. Patterson 1983, 84), und ihrer Entfernung, die Fremde andeutet.

Desgleichen sind auch ihre Gesichter völlig einander zugewandt. Sie blicken entweder in dieselbe Richtung, oder ihre Blicke streifen einander gelegentlich. Beträgt ihr Abstand mehr als nur einige Meter, nehmen sie mit Blicken Bezug aufeinander. Obwohl der direkte Blickkontakt zu den in der U-Bahn befindlichen Personen selten ist, bekommen sie doch Stielaugen, wenn sie einen vermeintlichen Schwarzfahrer erblicken. Mit einem verstohlenen Späherblick werden die einzelnen mit Adleraugen herausgepickt. Auch wenn sie versteckt mit den Blicken herumstreifen, ist doch das deutliche Interesse an den Verkehrsteilnehmern offensichtlich. Generell zu unterscheiden sind die herkömmlichen, klassischen Fahrscheinprüfer von den etwas unkonventionelleren, die sich in mehrere Untergruppen aufteilen.

Der 08/15-Kontrollor

Ein erstes leichtes Erkennungsmerkmal ist das Alter von mindestens vierzig Jahren, das sie auf dem Buckel haben. Die meisten von ihnen machen den Eindruck eines rechtschaffenen, aufrechten, redlichen Mitbürgers und haben eine Vorliebe für eine stramme Haltung. Für den gewieften Schwarzfahrer ist vorweg hochverdächtig, wenn Personen auf sie zuschreiten, bei denen sämtliche Merkmale eines normalen Bürgers gleichzeitig zutreffen. Normalität, Korrektheit in völliger Übereinstimmung mit herrschenden Kleidungsnormen, die es aber im richtigen Leben nicht gibt, sind ein erster Fingerzeig für einen Kappler. Bei Personen, die krankhaft darum bemüht sind, normal zu wirken, besteht Alarmstufe rot, und es muß alles getan werden, um den Supergau abzuwenden. Ein noch höherer Grad an Offensichtlichkeit besteht, wenn zwei Personen in unmittelbarer Nähe dieselbe Symptomatik aufweisen.

Desgleichen haben Schwarzfahrer ein unschweres Spiel, wenn sie das Auftreten ihrer natürlichen Feinde beachteten. Da die Ausübung des Berufes einen spontanen Rollenwechsel vom Bürger zum Kontrollor erfordert und die einzelnen Rollen dergestalt gegenteilig sind, müssen sie theatralischer dargestellt werden, um glaubhaft zu sein. Anhand dieser Überdarstellung oder Verkrampfung sind sie selbst für Einsteiger und Vorgestrige leicht erkenntlich. Der Kontrollor verwendet „mehr Sorgfalt auf die Vermeidung kleinerer Disharmonien, als das Publikum dem ausdrücklichen Zweck der Darstellung gemäß erwarten würde" (Goffman 1983, 61).

Da er sich auch nach eigener Auffassung nicht zur Gruppe der Restfahrgäste zugehörig fühlt und sich in seinem Innersten als Krone der Fahrgäste betrachtet, muß er sich nach Kräften darum bemühen, um in der Außenwelt dazugerechnet zu werden. Jeder gewöhnliche Fahrgast versucht, durch individuelle Kleidung, Frisur, Verhalten, seinem Äußeren eine persönliche Note (z. B. Punks) zu verleihen und sich so von der Normalität abzugrenzen, indes der Kontrollor sich an die Normalität anzupassen versucht. Eine nach außen hin gezeigte allumfassende Barmherzigkeit und Mildtätigkeit zu allen Lebewesen ist eher geringfügig ausgeprägt, die natürliche Fröhlichkeit hält sich in Grenzen. Die meiste Zeit schreitet er mit grimmiger Leidensmine umher, der extrem treuherzige Blick ist selten.

Anhand der Bekleidung ist der klassische Kontrollor noch leichter ausmachbar als seine Kollegen: Die schlichten Jacken sind in tristgrauen Tarnfarben gehalten, welche die Blässe des Berufes noch verstärken. Bisweilen stecken sie verloren in zu großen Anzugjacken. Torkeln sie in einem „gesamten" Anzug umher, so ist es niemals ein Stresemann. Die Frisur ist herkömmlich und betont fad, bei den älteren Semestern überwiegt die Kahlköpfigkeit.

Die Angehörigen der älteren Generation sind generell von einer gewissen Behäbigkeit und platzen oftmals aus allen Nähten. Für C. leicht erkennbar an „einem Bierbauch, einem Schnauzer, a bißl prolohaft!" Je nach Dialektausprägung bezeichnen ihn andere als *Gscherten*.

Diejenigen, die einst Schaffnerdienste leisteten, haben sich jedoch oft ein erhabenes und würdiges Auftreten bewahrt. Ihre Worte sprudeln nicht krächzend wie ein Fischreiher aus den Untiefen der Kontrollseele hervor, sondern die Sprache ist verschnörkelt und trägt kafkaeske Züge. An den meisten von ihnen ist die Umstellung von Uniformkontrolle auf Zivilkontrolle sang- und klanglos vorübergegangen. Sie verhalten sich ebenso, wie wenn sie die alten, schweren, staubigen Kontrollorsgewänder noch trügen. Sie spielen die alten Rollen, aber diese schlecht.

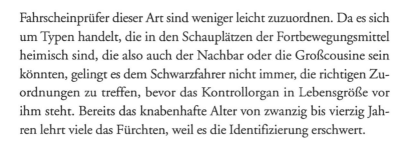

Der atypische Kontrollor

Fahrscheinprüfer dieser Art sind weniger leicht zuzuordnen. Da es sich um Typen handelt, die in den Schauplätzen der Fortbewegungsmittel heimisch sind, die also auch der Nachbar oder die Großcousine sein könnten, gelingt es dem Schwarzfahrer nicht immer, die richtigen Zuordnungen zu treffen, bevor das Kontrollorgan in Lebensgröße vor ihm steht. Bereits das knabenhafte Alter von zwanzig bis vierzig Jahren lehrt viele das Fürchten, weil es die Identifizierung erschwert.

DER GIGOLO ODER SONNYBOY

Manch sonderbare und seltsame Gestalten tummeln sich unter denen, die von der Transportgesellschaft auf die verdutzten Fahrgäste losgelassen werden.

Der Aufreißertyp hat die Haare mit Gel hinauffrisiert, in den Sommermonaten streift er mit einem kurzen T-Shirt locker umher, unter ehrlicher, freimütiger Zurschaustellung der gutsortierten Muskelpakete.

Beim Herzensbrecher endet die Blue jeans bei den Schuhen, da eine Verlängerung das saloppe Herumschlendern verunmöglichen würde. Dazu hat er eine Vorliebe für Jeansjacken, die bisweilen mit einer gänzlich unpassenden, schlaksigen, geschmacklosen Schnürlsamthose kombiniert werden. Trotz seiner gutsortierten Bekleidung wirkt er wie eine Mischung aus Lausbub und Strizzi. Sein Bauchketterl, gehalten in bescheidener, einfacher Goldausführung, schmiegt sich elastisch um seinen pathetischen Körper, kein weibliches Wesen jen- und diesseits von Donaustadt kann seinem Charme widerstehen.

Der gehobene Typ wirkt wie eine billige James-Dean-Imitation. Durch seine fulminanten Sprüche und seine makellose, nahezu aufdringliche Schönheit, kann er sämtliche Verehrerinnen in Windeseile zu einer Fahrkarte betören. In überaus seltenen Fällen finden sich auch Ohrringerln als *disidentifiers* zur Verbergung von Stigma-Symbolen, die also verhindern sollen, daß es mit einer mühelosen Denkaufgabe verbunden ist, herauszufinden, wer der Herr in Grau wirklich ist (vgl. Goffman 1996, 118). Der Haare sind etwas länger, so daß man gerade nicht annehmen kann, er sei unter ein Schermesser geraten.

DER STRIZZI

Diese überaus verschrobene, schrullige Gattung von Kontrollorganen trägt oftmals längere Haare, die hinten zusammengebunden sind. Auch er ist mit einer üppigen, fürstlichen Bemuskelung ausgestattet, die er sich mit Bodybuilding und Muskeltraining unter den größten Mühen zusammengeschwitzt hat, und braucht daher mit seinen Reizen nicht zu geizen. Im Unterschied zu seinen Genossen nennt er keinen Bierbauch sein eigen.

Der Eindruck des jugendlichen Alters wird noch durch seine chaotischen, ungezähmten Auftritte ergänzt. Bei der Unterhaltung mit dem Kollegen wird versucht, das ausgelassene Treiben in der Bim noch zu übertönen und sich gegenseitig an Aufdringlichkeit, Großspurigkeit und Protzigkeit zu übertreffen. Die Einnahme eines Sitzplatzes zeigt, daß man Gebieter über die gesamte Bim ist, es werden kauernde und lümmelnde Stellungen eingenommen.

Gegenüber Fahrgästen, die offensichtlich nicht bereit sind, ihr Scherflein beizutragen, stellt Säbelgerassel einen wichtigen Bestandteil ihres Vorgehens dar. Die Kleidung hat nur entfernte Verwandtschaft mit den herkömmlichen Organen. Bisweilen werden weite Latzhosen mit Marokkanerjacken getragen. Um den Sonntagsstreß erträglicher zu gestalten, wird von manchen an ausgewählten Tagen die Traurigkeit des Alltags mit einem Umtrunk vergoldet.

Diese überaus rare und seltene Spezies wurde in einigen Ländern bereits auf die Liste für vom Aussterben bedrohte Lebensformen aufgenommen. Die Vertreter zeichnen sich durch einen adretten, eleganten Anzug von der Stange aus, sind zumeist in den besten Jahren, haben eine Stehfrisur und verfügen über eine ausgezeichnete Ausdrucksweise. Sie weisen eine feine, zuvorkommende Art auf, im Vergleich zu Gesandten oder Diplomaten sind sie aber blutleer. Vom Äußeren unterscheiden sie sich kaum vom Original, so daß die einzige Hilfestellung darin besteht, daß sie gemeinsam mit klassischen eingesetzt werden.

Abseits dieser Klassifikation gibt es eine Vielzahl von schrulligen Eigenbrötlern, die mit gänzlich unkonventionellen Methoden ihr Dasein fristen. Einer von ihnen – sonnengebrannt – hat kunstvoll gefertigte Ohrringerl, trägt lange, weite Hosen, wirkt griechischer Herkunft, spricht aber zum Erstaunen aller Insassen fließend akzentfreies Meidlinger Wienerisch.

Ein anderer wird mit einem 8-Tage-Bart, einer heruntergekommenen Anzughose und völlig zerlumpten Schuhen gesichtet. „Der schaut aus wie ein Sandler, nächstes Mal nehmen sie Zuhälter", zeigt sich ein Schwarzfahrer besorgt über den Wandel der Auswahl an Kontrolloren. Es ist hochwohllöblich, daß dem Anschein nach jedem die Türe offensteht, sich als Kontrollor zu verdingen, weniger aber für Schwarzfahrer, denn er kann nur aufgrund des Aussehens gesicherte Angaben machen, bei welchen Personen es sich um Vorboten der Tragödie handelt.

Eine anderes Episodlein von einer blinden Passagierin zeigt hinwiederum, daß sie selbst in völlig unwesensgemäßer Aufmachung zumeist erkannt werden: „Ich sehe beim Einsteigen, wie da zwei Burschen sitzen, so 25–28, mit Lederjacke, Jeans und eher flotter; sie sitzen so da, die Knie breit aufgestützt quer zum Sitz. Beide sitzen so breit da und unterhalten sich wie zwei Halbstarke. Mein Blick fällt auf sie, und ich denke mir, mit de hots wos! Die sind mir nicht geheuer. Bei der dritten Station stehen sie auf und meinen: Fahrscheinkontrolle!"

Gaußsches Eliminationsverfahren

Dieses bis heute weitverbreitetste System geht zurück auf den legendären Mathematiker und Astronomen Carl Friedrich Gauß (1777–1855), obschon historisch nicht belegt ist, ob er selbst dieses Verfahren jemals angewendet hat. In einer Negativauslese werden sämtliche Personen, bei denen mit Sicherheit ausgeschlossen werden kann, daß es sich um Schwarzkappler handelt, von der schwarzen Liste eliminiert. Bei denen, die übrigbleiben, wird, falls sie in das Transportmittel einsteigen, dasselbe verzögerungsfrei verlassen. Die im folgenden aufgelisteten Punkte sind untrügliche Zeichen dafür, daß es sich bei Unbekannten um kein Kontrollorgan handelt:

- Reisende, welche in einer angesehenen deutschsprachigen oder fremdsprachigen Zeitung wie Le Monde oder Prawda nicht nur blättern, sondern auch lesen und die hingebungsvoll mit spannender Lektüre beschäftigt sind, welche die Qualität von Dreigroschenromanen übersteigt.
- Personen, welche einen Einkauf am nächsten Markt für die gesamte Großfamilie gleichzeitig getätigt haben, und die gleich einem Christbaum über und über mit Nylonsackerln behangen sind oder zur Transporterleichterung zu einem überdimensionalen Rucksack oder Seesack gegriffen haben.
- Männer mit Rauschebart, Vollmilchbart oder Koteletten bzw. mit einem legeren Dreitagebart sind ebenfalls niemals vom Schlage des Kontrollors. Die einzige Form der Bebartung, die von ihnen gelegentlich gewählt wird, ist der Schnauzbart.
- Ähnlich verhält es sich bei Männern mit langem Haarwuchs, vornehmlich, wenn sie rot gefärbt sind. Gleichgelagert sind gewisse Frisuren, wie Irokesenschnitt, der auch dem coolsten Kontrollorgan mit all seinen Irrungen nicht in den Sinn kommen würde. Auch wenn ein Kontrollor auf die epochale Idee kommen würde, sich als Punk zu verkleiden, kann er seine Arbeitsbekleidung nicht wochenends wieder abstreifen. Es besteht hingegen keinerlei Anlaß zur Befürchtung, daß sich Hippies und Anarchisten selbst als Kontrollorgane anheuern lassen.
- Verwahrloste, grindige, schmuddelige Wermutbrüder und Cloch-

ards können deshalb nicht eingesetzt werden, weil Kontrollore auch ein Aushängeschild der Transportgesellschaft sind. Man findet keine Spuckenden oder Kaugummikauer bei den Stadtwerken.

- Herren mit Schirmen kommen nicht in Betracht, da Fahrscheinprüfer einerseits aufgrund der zahlreich vorhandenen, überdachten Stationswarteräume diese nicht benötigen, andererseits nicht in der Lage sind, den Regenschirm zu halten und gleichzeitig die Formulare auszufüllen.
- Auch Ausländer, welcher Volksgruppe auch immer zugehörig, von den Bhutanesen über Südmolukker, Maori, Pygmäen, Dayaks zu den Tadschiken, wird man käumlich unter den Prüfern finden.
- Ebenso Studenten, Schüler, Erstkommunikanten, Sternsinger sowie insbesondere Sprößlinge und Urgroßväter, da sie allesamt ein paar Jährchen zu jung bzw. zu alt für die Ausübung dieses Jobs sind.
- Schwangere, Wöchnerinnen, Mütter mit Säuglingen wird man aus verständlichen Gründen nicht vorfinden.
- Desgleichen zwei Gestalten, die zärtliche Gefühle füreinander hegen und liebestrunken durch die Straßen taumeln.
- Yuppies mit bunten Anzügen, Dinkies („Double Income, No Kids"), Kaufleute mit klickenden Aktenkoffern sowie exquisiten Karl-Lagerfeld-Mänteln und Parlamentarier in edlen Prunkgewändern kommen als Prüforgane nicht in Betracht.
- Nervenbündel, rastlose Hektiker und Hudri-Wudri sind als Kontrollore ungeeignet und wird man daher dementsprechend selten sichten.
- Auch Streitende, Grübler und Suchende, deren Blicke stundenlang über dem Stadtplan kreisen.
- Häkelnde, Webende, Strickende und Stickende können deshalb schwer als Organe ausgewählt werden, da die Zugriffszeiten auf Abzeichen und Notizblock deutlich zu hoch sind.
- Es leuchtet ein, daß Gruppen mit über vier Mitgliedern, insbesondere Teilnehmer von Singspielen, U-Bahn-Demonstrationen, Trommler, Helfen-Sie-mir-Rufende und tanzende Hare-Krishnas nicht von der Sorte Fahrscheinprüfer sein werden.
- Den Luxus des kurzärmligen Herumstreifens im Winter kann sich

kein Clubangehöriger der Wiener Linien erlauben. Jene Halbverrückten, die in ihrem Aberwitz im Hochsommer barfuß und nur mit einer Badehose bekleidet durch die Straßenbahnen flitzen, um raschmöglichst zum kühlenden Naß zu gelangen, können gleichermaßen keine Kontrollore sein; wo sollen sie ihren Block hingeben?

- Ebenso Jausnende, die in der nächsten Imbißstube ein Hühnchen erstanden haben, das Verpackungsmaterial in wilder Gier herunterreißen, hastig beginnen riesige Bissen herunterzuwürgen, wobei das Fett heruntertrieft und wild herumspritzt. Der Innenteil ist zumeist noch blutig, vermutlich hat der Fleischhauer das Getier zu kurz gebraten. In der Stille des Abends hört man das Knacken der Sehnen, wenn die gierigen Münder sehnsüchtig nach dem lieblichen Fleisch beißen.[41] Ein denkbar leichtes Spiel hat der Fahrscheinnichterwerber, trifft er auf ein menschliches Geschöpf in einer Uniform, die nicht mit dem Namenszug der Wiener Linien versehen ist, sondern mit anderen (z. B. Teschek und Partner) oder bei Personen, die mit goldenen Verdienstzeichen oder Mao-Sternen umherstreifen.

BAHNSTEIGINAUGENSCHEINNAHME

Bereits vor Antritt der Fahrt ist die Zeitplanung dergestalt einzurichten, daß die übliche Reisedauer überschritten werden kann, weshalb nervenschwache Gemüter eine halbe Stunde dazurechnen, um nötigenfalls zweimal auszusteigen und einmal den Waggon wechseln zu können. Beim Zustiefeln auf den Waggon beginnt schon im Haltestellenbereich das Katz-und-Maus-Spiel; bis zum Einstieg selbst müssen sämtliche dort befindlichen Wartenden einer genauesten Betrachtung unterzogen werden. Es darf sonnenklarerweise nur in jenen Waggon eingestiegen werden, in dem sich keine Verdächtigen befinden.
Wird ein mutmaßlicher Fahrscheinprüfer gesichtet, wird alsbald unter weiterer Bedachtnahme des Bahnsteiggeschehens in den Waggon eingestiegen, der den größten Sicherheitsabstand zu ihm aufweist, da nie

41 Nicht nur militante Vegetarier beginnen spätestens jetzt zu erbleichen.

Der Schwarzfahrer

ausgeschlossen werden kann, ob sich nicht dort ein Kumpane oder gar ein ganzes Nest von ihnen befindet.

Teilt sich eine Gruppe von zwei bis drei Personen, die vorher in eine lebhafte, angeregte Unterhaltung verstrickt ist, grußlos, und jeder einzelne steigt überdies in gänzlich verschiedene Teile eines Waggons ein, so ist äußerste Obacht geboten, da es sich mit Vollgarantie um einen Kappler handelt. Aufmerksamkeit und Wachsamkeit gegenüber sämtlichen unmotiviert Herumstehenden, die als Organe in Betracht zu ziehen sind, ist oberstes Gebot. Ein häufiger Fehler des blinden Passagiers ist jedoch eine zu genaue Inaugenscheinnahme des Bahnsteiges, so daß hiebei der aufmerksame Schnüffler Gefahr läuft, selbst erschnüffelt zu werden. „Der typische Schwarzfahrer verrenkt sich fast den Hals", weiß Frau Maria T. aus ihrer Erfahrung als Kontrollorin (Kurier, 29. 4. 1997).

Eine Strategie besteht darin, die Organe auf eine falsche Fährte zu locken, indem man den Eingang zwischen zwei Kontrolloren einzusteigen vorgibt, um dann blitzschnell den nächsten zu wählen oder überhaupt draußen zu bleiben, um ihnen von dort spöttisch ins Gesicht zu lachen.

SITZPLATZEINNAHME

Zunächst besteht eine bedeutende Vorsichtsmaßnahme darin, vor dem Einsteigen den Waggon innen genauestens nach Kontrollorganen zu durchforsten, ein Schritt, der allerdings aufgrund der großen Anzahl von Mitfahrern häufig unterbleibt und vergessen wird. Infolge der nur kurzzeitigen Verweildauer in den öffentlichen Nahverkehrsmitteln (etwa von Stranzenberggasse bis Zentralfriedhof 5. Tor 43 Minuten), sind die Folgen ungünstiger Sitzplatzauswahl undramatischer als beispielsweise im Zug von Moskau nach Beijing (via Mandschurei 6 Tage und 12 Minuten[42]).

42 Wird die landschaftlich reizvollere Fahrtstrecke über die Mongolei gewählt, sind es nur 5 Tage 10 Stunden und 3 Minuten in einem chinesischen Zug; in erstgenannter Variante verkehren russische Züge (etwas weniger Lächeln).

Gaußsches Eliminationsverfahren

U-Bahn

In der Metro wählen viele Nichtzwicker den zweiten oder den vorletzten Waggon in der Annahme, daß Kontrollorgane davon ausgehen, daß sich in den extremsten Waggons die radikalsten Fahrgäste befänden. Andere bevorzugen gerade diese, da sie aufgrund des Gerammeltvoll-Seins, bei dem die Fahrgäste nahezu aus den Scheiben herausgequetscht werden, keinerlei Kontrolltätigkeit mehr gestatten.

Hinsichtlich der Sitzplatzeinnahme gibt es zwei verschiedene Lehrmeinungen. Die Vertreter der einen Schule lassen sich im hintersten Teil des Waggons nieder, damit der Waggon selbst vollständig überblickt werden kann. Die Bedrohung in Gestalt des Kapplers dringt hier von den Türen nach drinnen, weshalb letztere genauestens überwacht werden. Bei dieser Methode können auch Plätze gegen die Fahrtrichtung eingenommen werden, wenn alle Eingänge dabei überblickt werden können. Der unerfreuliche Nachteil dieses Vorgehens besteht darin, daß erst im Bauch des Wagens ein Zusammentreffen mit den Organen erfolgt, so daß die Schnelligkeit des Ausstiegs nicht mehr gewährleistet ist, wenn die Mächte des Bösen nahen.

Obwohl Teile der genannten älteren Lehren ihren Fortbestand haben, gehen vor allem die jüngeren Schulen davon aus, daß die Einnahme eines Sitzplatzes in der Vorderreihe den entscheidenden Vorteil mit sich bringt, daß der Stationsbereich als denkbarer Krisenherd im Mittelpunkt des Interesses steht. Wird der letzte Waggon gewählt, können bei der Verlangsamung des Triebwagens im Bereich der Haltestelle alle Personen, die den Einstieg im selben Wagen beabsichtigen, bereits draußen inspiziert werden. Bei herannahender Fährnis in Form eines Kontrollierenden kann in aller Gemütsruhe von der Bildfläche entfleucht werden, ohne daß er selbst und Abertausende Mitfahrende Lunte riechen.

Diejenigen, die sich im letzten Waggon zu mutterseelenallein, abgeschnitten vom Puls des Geschehens fühlen, geben den Plätzen in den vordersten Waggons den Vorrang. Allerdings muß bei der Einfahrt in den Stationsbereich abgeschätzt werden, wie lange der Waggon ist und welche Personen noch zum Einstiegsbereich zählen. Auch können Seiende, die großräumige Wanderbewegungen durchführen und eine andere Türe wählen als die nächstgelegene, in Ermangelung eines Rückspiegels nicht mitberücksichtigt werden.

Zusätzlich ist die Platzeinnahme in der unmittelbaren Nähe der Türe zweckmäßig, da beim plötzlichen Ausstieg nicht Kinderwägen, Blindenstöcke, Krücken und Walkmankabel mitgerissen werden müssen. Die neuen Waggons in der U 6 in Wien sind deshalb bei Schwarzfahrern ungeliebt, weil man zu tief sitzt, was den Horizont einschränkt und den Überblick mindert; bei gemischt geführten Zügen werden daher die alten bevorzugt.

Straßenbahn
Zu den zwei angeführten Schulen kommt in den Tramways eine dritte hinzu, die davon ausgeht, daß es am ungefährlichsten ist, wenn neben dem Automaten Platz genommen wird, um immer dann, wenn Gefahr im Verzug ist, einen Fahrschein zu entwerten. Ferner können von diesem Platz aus auch gut sämtliche Eingänge überblickt werden.

Die überwiegende Zahl der blinden Passagiere begibt sich auf die Fensterplätze in Fahrtrichtung. Die Gangsitze werden überdies deshalb weniger bevorzugt, da es sich mit den Worten H.s um *Schleudersitze* handelt, die beim Eintreffen von Älteren und Gebrechlichen diesen überlassen werden sollten und deshalb in den Außenbezirken kaum länger als zwei Stationen gehalten werden können. Die Fensterplätze hingegen verleihen einen prachtvollen Rundblick über das gesamte Stationsgeschehen und sind weniger anfällig hinsichtlich dem notwendigen Anbieten an andere, da zuerst ein Sitzender der Außenreihe sich erheben müßte, um ihm den Zugang zu ermöglichen. In äußersten Notfällen, in denen die Fahrtrichtungsplätze überbelegt sind, wird man sich auch mit einem Sitz in Gegenrichtung begnügen, bevor man in die niederschmetternde Situation kommt, sich die Füße in den Bauch stehen zu müssen.

Bei grimmiger Kälte gleichen sich die Sitzvorlieben der Stempelverweigerer mit denen der Fahrscheinerwerber; die billigsten Plätze in den hinteren Reihen werden jetzt plötzlich zu Kassenschlagern, weil bei den Türspalten die eisige Zugluft hereinzieht. In sibirischen Wintern ist jeder darauf erpicht, den Sitz über der Heizung zu ergattern. Jedoch bereits wenn es herbstet, wählen nicht nur die Schlauesten den vorderen Waggon, da er besser beheizt ist. Auch bei der Wahl des Waggons scheiden sich die Geister: Haben die einen in der Elektrischen eine unbestimmte Vorliebe für den Triebwagen bzw. Lokomotivzug, so schwören die anderen auf das Verweilen im hinteren Waggon, weil sie hier eine geringere Kontrolldichte beobachtet haben wollen. Beim vorderen Zug werten es viele als beängstigend, daß der Fahrer als potentieller Gegner ebenfalls zugegen ist. Da er mit einem Funkgerät ausgestattet ist, wäre es ihm ein leichtes, Hilfe herbeizufunken oder ins Geschehen einzugreifen.

Ein weiterer Vorzug spricht für die Benutzung des hinteren Waggons. Gelingt es nicht, zeitig genug herannahende Kontrollorgane zu sichten und zu erkennen, gibt es als letzten Ausweg noch die Möglichkeit, im Stationsbereich mit einem kräftigen Ruck selbsttätig den Öffnungsvorgang der hintersten Türe einzuleiten. „Da ist nur so ein Anfangsimpuls", weiß O., „wenn man den überwunden hat, geht es fast wie Butter. Das kann man ja brav ausprobieren, wenn die Türe nicht zugeht, da sind ja die Fahrer irrsinnig froh, wenn man ihnen behilflich ist. Und da erkennt man erst, wie leicht das geht." Nach diesem phänomenalen Durchbruch wird er mancherorts als neuer Prometheus bejubelt.

Eine neue, hinreißende Spielart von Straßenbahnen gibt es auf wenigen Linien in Wien, welche sich hinsichtlich Längenausmaß durch einen einem Koloß nicht unähnlichen Wuchs auszeichnen. Er wird auf den arglosen Hundenamen *Ulf* getauft. Daß die räumliche Abtrennung in der Mitte, die einen Schutz vor hereinströmenden Organen gewährleistet, völlig fehlt, läßt auch dem Beglatzten die Haare zu Berge stehen. Nichtsdestoweniger ist es für den Nichtzwicker ausreichend, sich in der Vorderreihe niederzulassen und nur die ersten beiden Eingänge zu inspizieren, da in der Regel die Kontrollen nur abschnittsweise erfolgen.

In *Autobussen* sind die Methoden mit denen der U-Bahn im wesentlichen deckungsgleich, nur die quälerische Entscheidung, in welchen Waggon sich niedergelassen werden soll, entfällt.

S-Bahn

Diese Fortbewegungsmittel sind insofern Problemzonen, als es keine Abtrennungen zwischen den einzelnen Waggons gibt, so daß es mit der Betrachtung des eigenen Wagens nicht getan ist. Obendrein sind die Wege des Fahrscheinprüfers derart undurchsichtig, daß selbst Kontrollore mit Käpplein einige Erfolge verzeichnen. Ohne Hinzuziehung technischer Hilfseinrichtungen wie Fernglas, Operngucker, Biokular oder Teleskop gestaltet sich das Auffinden von Organen in den endlos langen Stationen als schwierig; die Verwendung dieser lenkt beträchtlich mehr Aufmerksamkeit und Argwohn auf einen, als einem lieb ist.

Da der Bahnsteig viel zu lang ist, rauscht der Wagen mit Hochgeschwindigkeit an den Wartenden vorbei, so daß die Erkennung der Kappler nahezu verunmöglicht wird. Der Einstieg im vordersten Abschnitt des Zuges und das alleinige Sichniederlassen in der Hoffnung, daß sich im Waggoninneren keine Prüfer befinden, ist zu risikobehaftet. Statt dessen gilt es als Verhinderungsstrategie, vor dem Einstieg den gesamten Bahnsteig von vorne nach hinten abzugehen und den gesamten Stationsbereich einer genauesten Inspektion zu unterziehen. Alsdann steigt der blinde Passagier hinten ein und lustwandelt nach vorne, während er sämtliche Insassen einer eingehenden Inaugenscheinnahme unterzieht. Damit gelingt es auch, die lichtscheuen Kontrollorskreaturen, die in den dunklen Gefilden zwischen den Waggons ihr bejammernswertes Dasein fristen, aufzuspüren, welche von außen nicht ausmachbar sind. Von einem lauschigen Plätzchen in der Außenreihe können Maroniverkäufer und fliegende Würstelmänner auf beiden Bahnsteigen ebenso gut ausgemacht werden wie herannahende Organe.

Diese Vorgangsweise erweist sich nur als brauchbar, falls der Wagen nur aus höchstens drei Waggons besteht, sind es mehr, so findet sich als Zusatzhürde eine versperrte Tür nach dem dritten Waggon. Hinter dieser berüchtigten Türe befindet sich das ominöse Dienstabteil, das es dem Kappler ermöglicht, aus dem Nichts aufzutauchen und ebendorthin auch wieder zu entschwinden.

Bei sechs Waggons gibt es kein Allheilmittel; kein System gewährleistet absolute Sicherheit. In seiner Verzweiflung darüber klammert sich der Schwarzfahrer an sämtliche Hilfsmittel wie an einen Strohhalm. Einigermaßen taugliche Systeme sind so sophisticated, daß viele zaudern, sie anzuwenden, und deshalb für kurze Strecken in gewohnter Weise lediglich vorne sitzen bleiben und die Augen weit aufsperren. Beim erfolgversprechendsten, hoffnungsfrohsten System wandelt der blinde Passagier vom vorderen Bereich des Bahnsteigs bis zur Mitte des Waggons, inspiziert hiebei den gesamten Bahnsteigabschnitt und begibt sich ins Wageninnere. Von hier schreitet er leichtfüßig nach vorne, prüft die Mitfahrenden in gewohnter Weise und begibt sich auf einen Sitzplatz. Bei gestopft vollen Zügen ist dieses System freilich nicht anwendbar, da man Stunden benötigt, um nach vorne zu gelangen.

Manche blinde Passagiere gehen den hindernisreichsten, steinigsten, beschwerlichsten Weg, indem sie zur Steigerung des Gesamtüberblicks sich gar nicht in die behaglichen Komfortsessel fallen lassen, sondern stehen.

DIE INNENSCHAU

Während der Fahrt gilt es zur Minderung des Restrisikos stetig ein wachsames Auge auf das Innere des Waggons zu werfen. Fahrgäste, die urplötzlich und unerwartet aufspringen, ohne daß dafür ein Motiv zugeschrieben werden kann, den Platz wechseln oder Unverständliches in ihren Bart murmeln, vermögen dem Schwarzfahrenden kalte Schauder über den Rücken zu jagen, da fälschlicherweise angenommen wird, es handle sich um Hüter des heiligen Gesetzes.

Da Karl Österreicher stumm wie ein Fisch und völlig reglos in den U-Bahnen verweilt, erregt es berechtigterweise den Verdacht, wenn Fahrgäste andere ansprechen oder weitschweifige Wanderungen durch den ganzen Zug durchführen. Im Falle nicht zuordenbarer Geräusche, die von einem Nuscheln herrühren können, ist es angebracht, sich behutsam umzuwenden und mit aller erforderlichen Umsicht den rückwärtigen Waggonteil zu inspizieren.

Während die älteren Kontrollorsbrüder aus voller Kehle frohmütig „Faaaaaaahrscheinkontrolle!!!!!!!" durch den ganzen Waggon brüllen, bringen die jungen lediglich noch ein gedämpftes, heiseres Krächzen hervor, gerade soviel, daß man von hinten silhouettenhaft, gespenstisch das Bewegen ihrer Kauwerkzeuge wahrnimmt, was sich unter den Nichtzwickern dennoch wie ein Buschfeuer verbreitet. Steigt ein Fahrgast ein, der den Straßenbahnschaffner entweder durch stummes Nicken begrüßt oder angrinst, haftet der Situation mit einiger Wahrscheinlichkeit das Odium der Anrüchigkeit an, und es bleibt dem Feingefühl des blinden Passagiers überlassen, dem Fahrzeug wohlbehalten zu entkommen.

Bleibt hingegen ein Uniformierter beim Fahrer stehen und unterhält sich locker mit ihm, geben führende Persönlichkeiten der Schwarzfahrerszene das Signal für Entwarnung, da es sich um Heimkehrende handelt, die sich mit einem genüßlichen Plausch auf den Höhepunkt des Tages – den Abend – einstimmen.

Andere Elementarmethoden

Anwender dieser Vorgangsweise treffen lediglich Vorkehrungen, um zu verhindern, daß den Kontrollorganen das Nichtvorhandensein von gültigen Fahrscheinen ins Auge sticht. Sind die kleinen Unregelmäßigkeiten von einer himmelschreienden Offensichtlichkeit und der Fahrscheinprüfer – so er sich nicht in einem Dauerdämmerzustand befindet – erkennt die Ungültigkeit, so gibt der blinde Passagier beschämt klein bei und entrichtet widerstandslos das ziemlich erhöhte Beförderungsentgelt; als Anzeiger für die Qualität einer Systematik fungiert seine Wirksamkeit zur Vermeidung von Zahl-Zwischenfällen.

AUSWEISFÄLSCHUNG

Auch hier sei uns ein historischer Rückblick gestattet. Bis zum September 1999 ist das Fälschen von Ausweisen eine gestalterisch herausfordernde Tätigkeit, welche die Schaffensfreude anregt. Rund 30 unterschiedliche Fälschungen sind im Umlauf, von gelungenen Farbkopien bis zum erstklassigen Notenstich reicht die Palette.

Im Jänner 1995 beglückt ein findiger Dichter zahllose Wiener Haushalte, indem er die gelungensten seiner Wertmarkenfälschungen per Post an sie sendet, versehen mit einer künstlerischen Grußbotschaft und einer rührenden kleinen Anleitung zum Selberbasteln. En vogue ist in der Schwarzfahrergemeinde auch das alleinige Kopieren von Monatsmarkerln. Seit Anfang der 90er Jahre ist die Transportgesellschaft jedoch mit hypermoderner Hochtechnologie ausgerüstet, nämlich UV-Taschenlampen in Verbindung mit besonderen Fahrkarten. Gelänge es dem Kontrollorgan diese mitzuschleifen, was aber aufgrund der Größe und der Ungestalt im Regelfall unterlassen wird, könnten die Wertmarken in Sekundenschnelle auf ihre Richtigkeit überprüft werden. Im anderen Fall kann die Überprüfung schleißiger Kopien nur im Hauptquartier der Beförderungsgesellschaft erfolgen.

Wer mit den guten alten Xerox-Kopierern[43] vertraut ist, kann eine einfache Schwarzweißkopie als Rohmaterial für diverse Kolorierungsverfahren verwenden. Kinder mögen ihre Kreativität ausleben und diesen nach Herzenslust mit Buntstiften oder Wasserfarben ausgestalten. Eine neuere Ausgestaltung der Kolorierung oder Farbkopiermethode ist das Einscannen und Ausdrucken. Durch eine Nachbearbeitung kann dem Fahrschein eine persönliche Note verliehen werden. Unter Zuhilfenahme eines primitiven Pentium III Computers, der sich in jedem Kinderzimmer findet, kann mit einem Zeichenprogramm, ja nach Zeit und Muße, in wenigen Stunden ein gelungenes Bastlerstück hervorgezaubert werden.

Zu den Haupterfordernissen zählen Trittsicherheit und Fingerfertigkeit in der Handhabe des Programms, um die Hervorbringungen salonfähig zu machen. Da obendrein saftige Strafen winken, ist diese Spielart riskant und nur für sehr Beherzte und Todeskühne durchführbar.

Zwei wackeren, jungen Computergrafikerinnen, die mit genanntem Verfahren eine Wertmarke kopieren, passiert nach dem gelungenen Erstlingseinsatz ein kleiner verderbenbringender Störfall: Sie neh-

---

43 Die ersten Kopiergeräte der 50er Jahre liefern das, was Xerokopie oder ehrfürchtig „Xerox" genannt wird. Nur in den größten Ämtern findet sich einer, da er einen Platzbedarf eines mittleren Klassenzimmers hat. Die Worte des Chefs: „Machen wir einen Xerox", haben einen ehrfurchtsvollen, bedeutungsschwangereren, oftmals jedoch unglückverheißenden Beigeschmack, vor allem für Sekretärinnen, denen ein gelinder Schauer über den Rücken jagt. Sie müssen die Maschine anwerfen und eine Stunde warmlaufen lassen, ehe das Original auf ungewisse Bestimmung im Schlund verschwindet. Mit ohrenbetäubendem Lärm schiebt sich nach einer weiteren Stunde schließlich im Schneckentempo ein Zettelchen hervor, das mit dem Original freilich verblüffend geringe Ähnlichkeit aufweist.

men die Plätze nebeneinander ein, und ein Gesetzeshüter bemerkt die starke Ähnlichkeit der Nummern. Nachdem ihre Adressen über die Schecknummer, mit der sie die Strafe bezahlen, ausgeforscht sind, müssen sie vor das Hohe Gericht. Mit je öS 36.000,– (2616,3 Euro) werden sie geahndet, die Richterin liest eine „erhebliche kriminelle Energie" heraus (Der Standard, 14. 6. 1995). Als im Sommer 1993 ein Unerschrockener, aber Unerfahrener mit einer Fehlauffassung von Güte eine qualitativ mindere Palette von Fahrscheinen für den eigenen Bedarf herstellte, halten diese dem wachenden Auge des Prüfers nicht stand, und er erhält nach einer Gerichtsverhandlung eine zweimonatige (bedingte) Einladung in eine staatliche Pension.

An einem schwarzen Freitag im September 1999 bricht eine Schwarzfahrerwelt zusammen; die fälschungssicheren Fahrkarten kommen auf den Markt. Sie sind mit einem wunderhübschen Wasserzeichen versehen, als zusätzliche Erschwernis haben Vorder- und Rückseite eine unterschiedliche Oberfläche. Tausende Hobbyfälscher zermartern sich die Hirne, alleine bis zur Stunde vergeblich. Bei den Farbkopien fehlt das winzige Wörtchen „ECHT".

KLEBEBANDTECHNIK

Eine gleichermaßen bei jung und alt beliebte Freizeitbeschäftigung ist das Überkleben der Entwerterzone des Fahrscheine mit einem durchsichtigen Klebeband. In einer Gruppe von Entwertermißachtern kann es zu einem fröhlichen Wettbewerb werden, sich gegenseitig in Präzision und Paßgenauigkeit zu übertreffen, in gemeinsamen Do-it-yourself-Abenden werden die Geschicktesten gekürt.

Eine Jungärztin wendete dasselbe populäre Verfahren an, überklebte auf einer Umweltstreifennetzkarte das Entwertungsfeld liebevoll mit einem Tixostreifen, radierte nach jeder Entwertung in akribischer Detailsorgfalt fein säuberlich den Stempel weg und entwertete neuerlich an derselben Stelle. Das Glück war ihr jedoch abhold, so daß sie bereits beim siebten Mal auf einen überaus dienstbeflissenen Kontrollor stieß, welcher zum Gericht lustwandelte und klagte. Vom Erstgericht wurde die Angeklagte für schuldig erkannt. Wenig später kam es zu einer Berufung der Staatsanwaltschaft, in welcher der Beschuldigten das Vergehen der Urkundenfälschung angelastet wurde, was aber vom Oberlandesgericht Wien abgewiesen wurde. Wegen mangelnder Strafwürdigkeit der Tat sowie in Wahrnehmung des Nichtigkeitsgrundes sprach das Berufungsgericht zu guter Letzt die Angeklagte frei (vgl. Radkowetz 1993, 1). Aufgrund dieses Erkenntnisses wird bei Personen, die von Kontrolloren mit überklebten Marken aufgegriffen werden, von einer polizeilichen Meldung abgesehen.

WASCHMASCHINENBLEICHVERFAHREN

Dies ist das bei weitem unbarmherzigste und gnadenloseste Vorgehen gegenüber dem Kartenmaterial. Wir unterscheiden vier verschiedene Vorgangsweisen: Die *Handwäsche* mit zitronenfrischer Toiletteseife und Handbürste fördert ein weitgehend farbechtes Produkt hervor, das seine Zartheit bewahrt hat. Beim Mitwaschen bei *dreißig* Grad ist der Fahrschein leicht aufgedunsen und fühlt sich plötzlich so rauh an wie ein Stück Leder. Bei einer *Sechzig-Grad*-Wäsche ist die Ausgeburt ein völlig zerfetztes Scheinchen, das bereits im Automaten zerbröselt.

Noch geheimnisumwitterter ist der Fahrschein nach einer *Neunzig-Grad*-Wäsche; er hat eine Halbwertszeit unter zwei Stunden, bereits bei Windstärke Null zerberstet er im Lufthauch. Bisweilen muß auf die Frage des Kontrollors: „Was bitte ist das? Ein Lutschbonbon?" dieser darüber aufgeklärt werden, worum es sich eigentlich handelt.

Einen Hauch professioneller betreibt ein mittelalterlicher Herr dasselbe Verfahren, der Hunderte entwertete Fahrscheine mit einem Lösungsmittel behandelt und an unkundige Touristen veräußert. Er wird erwischt und angezeigt. Die Wiener Zeitung berichtet in ihrer Ausgabe vom 18. September des Jahres 1995 noch darüber, daß der Verteidiger auf ein Gutachten verweist, demzufolge die Bleichung der Fahrscheine auch aufgrund von Witterungseinflüssen entstanden sein könnte, weshalb der Prozeß vertagt wird. Seither verfinstert sich die Spur. Die Weltöffentlichkeit wartet bis heute in atemloser Spannung auf den Ausgang.

ED 37 MO 1440 – die kryptischen Buchstaben auf dem entwerteten
Fahrschein können ebenso eine Transliteration eines Gedichtes in su-
merischer Keilschrift wie eine tschechische Vorwahl bedeuten. Dem
Unkundigen bleiben die Sinnzusammenhänge verwehrt; erst mit Hilfe
eines sinnstiftenden Schlüssels werden uns diese Weisheitslehren
zugänglich. Die Übersetzung ins Neuhochdeutsche lautet: „Erdberg –
37. Woche – Montag – 14 Uhr 40.“

Den Umstand, daß in Wien auf den Stempeln kein Jahr ersichtlich
ist, machte sich ein findiger, leidenschaftlicher, passionierter Sammler
zunutze. Er machte eine Altkartenkollekte unter Freunden und las
dazu vom Müll Tausende von bereits abgestempelten Fahrscheinen
auf, ordnete sie nach Tagen und bot sie im Jahr darauf am Schwarzmarkt Touristen wohlfeil an. Von einer Hausdurchsuchung konnten
ihn Kollegen nicht rechtzeitig in Kenntnis setzten, so daß Ordnungs-
hüter in seiner behaglichen Wohnstube 5500 fein säuberlich geordnete
Alt-Fahrscheine vorfanden, zu denen er einen gewissen Erklärungs-
notstand hatte. Er wurde zu einer einjährigen Haftstrafe verurteilt.
Drei Jahre später kam es wegen desselben Vergehens abermals zu einer
Verurteilung.

MEHRFACHENTWERTUNGEN

Diese gehen allesamt von einem sehr niedrigen geistigen Entwick-
lungsstand des Kontrollorganes mit limes gegen Null aus. Wenn es mit
einiger Wahrscheinlichkeit zu einer Ertappung durch den Prüfer
kommt, dann helfen auch überschwengliche Heiterkeitsausbrüche oder
das nachdenkliche Wort „Holla“ wenig. Ein gerade noch annehmbares
Verfahren besteht darin, den Fahrschein zuerst „aus Versehen“ auf der
Hinterseite zu entwerten, um ihn später ein zweites Mal nach Vor-
schrift zu bestempeln, wobei es sich als nützlich erweist, den bereits unten gestempelten Teil dem Augenmerk des Schaffners zu entziehen.

Bei Aussehen und Auftreten, das Prüforgane schon Hunderte Meter gegen den Wind Lunte riechen läßt, sind sie geneigt, eine Inspek-

tion der Fahrkarten auch auf der Rückseite durchzuführen. Weisen die Rück- und Vorderstempel nur geringe Ähnlichkeiten vor allem hinsichtlich des Datums auf, so wird die Unschuldsvermutung verworfen und sie heißen den Schwarzfahrer zahlen. Dieser Schritt ist rechtlich jedoch nicht gedeckt, da nach dem Buchstaben des Gesetzes bei gültiger Entwertung der Vorderseite lediglich ein kostenfreier Ersatzfahrschein ausgestellt werden darf.

Eine weitere Stufe tolldreister ist es, einen gewöhnlichen Einzelfahrschein zweimal zu zwicken in der Hoffnung, daß der Kontrollor gänzlich ohne Sehvermögen ausgestattet ist.

Da die Augen des Kontrollors beschäftigt werden müssen, ist es zielführender, Opernkarten, angerissene Konzertkarten von einem ausverkauften Konzert oder Deix-Postkarten vorzuweisen als gar keine. Das Hinreichen einer symbolischen Karte kann nur in Verbindung mit einer hyperkomplexen Ausrede, die in ihrer Kryptik neun Zehntel des Kontrollorhirns zum Glühen bringt und einem strahlenden Mentadent-C-Lächeln erfolgreich angewandt werden.

DAS „ER KOMMT – ICH BLEIBE"-EXPERIMENT

Bei dieser Methode bleibt der Automatenächter beim Herannahen mehrerer Tugendwächter unbetrübt in der Mitte des Waggons sitzen in der guten Hoffnung, daß andere Kollegen ertappt werden, so daß sie vor Entzückung darüber nicht mehr weiterkontrollieren. Vorausbedingungen sind, daß der Wagen randvoll mit Personen angefüllt ist, und ein eherner Wille. Ein weiterer, schummriger Hoffnungsschimmer besteht darin, dem einen Kontrollor durch ein Mienenspiel verstehen zu geben, daß man bereits vom zweiten überprüft wurde. Allerdings müssen wir „bereit sein zu sehen, daß der Eindruck von Realität, den eine Darstellung erweckt, ein zartes, zerbrechliches Ding ist, das durch das kleinste Mißgeschick zerstört werden kann" (Goffman 1983, 52).

Dieses Vorgehen ist nur dann zu empfehlen, wenn man nach außen hin eine stoische Ruhe bewahren kann und ein Aussehen hat, das kein Fünkchen Verdacht auf einen lenkt. Nervöse Zuckungen und zügiges, ungestümes Aufstehen und Hinausgehen versetzt nicht nur Hunde in helle Aufregung, sondern auch Kontrollorgane. Wer auf dieses System baut, baut auf Sand, denn wem die Kontrollorsbeelzebuben zu Leibe rücken, ist selbst bei noch so langsamem Hinschreiten zum Ausgang hochverdächtig. Das Pulverfaß ist bereits gezündet, wenn dieser Schritt dennoch gesetzt wird. Jedem ist hinreichend bekannt, wie höllisch ein Abwarten vor den Türen ist, und zu hoffen, daß – Beata Maria Virgo – die Türe aufgeht, wenn hinten und vorne bereits die Kontrollore auf den Pelz rücken und es im Schneckentempo zur Station geht, weil gerade jetzt mitten auf der Straße draußen eine Schar übermütiger Lausbuben Tempelhüpfen oder „Schneider-leih-mir-die-Schere" spielen, ist ein vergebenes Unterfangen.

Nur dann, wenn dem innerlich pochenden Herz eine äußere Seelenruhe und kosmische Gelassenheit entgegengesetzt werden kann, besteht eine leise Chance auf Verschonung.

Anders als in Flugzeugen kann in äußersten Notfällen die Notbremse gezogen und über den hierfür vorgesehen Ausstieg der Wagen verlassen werden.

VERWEILEN IN AUTOMATENNÄHE

Eine weitere Greenhornmethode für blutige Anfänger und zaghafte, furchtsame, feigherzige Memmen besteht darin, unmittelbar in Nähe des Zwickautomaten zu verweilen und beim Auftauchen der kleinsten Gefahr am weiten Horizont in äußerster Erregung fieberhaft die Karte herauskramen und hektisch in den Schlitz stoßen. Dieses Verfahren ist insofern kein fruchtbares Ackerland, als Wächter des Gesetzes den gezwickten Fahrschein mit der Argumentation aberkennen, er habe ihn erst nach ihrem Auftauchen entwertet und sei daher vorher schwarzgefahren. Das Verfahren wirkt einfach, ist jedoch nur mit einer wohlüberlegten Argumentationslinie zielführend und wird daher heute gemieden. Zudem kann es bei schlechtem Durchhaltevermögen zu einer enormen Kostenexplosion führen.

Andere Elementarmethoden

Bei dieser Methode wandelt der Stempelverweigerer zum Fahrzeuglenker, hält ihm einen Fünftausender unter die Nase und frägt unschuldig, ob er wechseln könne.[44] Es erweist sich als günstig, wenn beim Herausnehmen des Geldbörsels keine 20-Schilling-Münzen herausfallen, da es den Eindruck empfindlich stört. Da der Fahrer mit dem Lenken hinreichend beschäftigt ist, keine wandelnde Bank ist und zudem keine grenzenlose Geduld für dumme Fragen hat, wird er die Frage verneinen. Nun kann sich in Ruhe niedergelassen werden, es sei denn, irgendein „sozial" denkender Mitfahrer hat Mitgefühl mit ihm und beginnt unruhig in seinem Börsel zu kramen. Findet er nichts, so ist das weitere Vorgehen kein Schlagobersessen: Jeder einzelne Fahrgast muß nun darum gebeten werden, einen Blick in seine Geldtasche zu werfen. Ein auftauchender Kontrollor wird sich nicht mit der vorgebrachten Beteuerung begnügen, niemand habe wechseln können, sondern beim Fahrer eine Sachverhaltsprüfung vornehmen.

Daß eine vermeintliche Wechselunfähigkeit jedoch auch zum Wohle des Kontrollorgans gereichen kann, zeigt ein kleines Histörchen, das in Kapplerkreisen kolportiert wird. Es wird von einem gewieften Nichtzwicker erzählt, der Tag für Tag mit demselben Bus fährt, dem Chauffeur eine Fünftausendschillingnote (363 Euro) entgegensteckt und höflich bei ihm anfrägt, ob er wechseln könne. Am dritten Tage geht der Chauffeur vorher zur Bank, und als der Fahrgast erneut dieselbe Frage stellt, bejaht er und überreicht ihm einen Sack mit Kleingeld. Vom selben Tag an, soll – so ist überliefert – der Fahrgast jedesmal nach dem Einsteigen geknickt den Automaten aufsuchen.

44 Dieser Trick wird bereits von Kindern erfolgreich angewandt, die zum Markt gehen, zwei Erdbeeren erstehen und diese mit einer Maria-Theresien-Münze bezahlen. Eine Schenkung der Ware ist nahezu garantiert.

Zu den angeführten elementaren kommen die erweiterten Methoden hinzu, welche sich dadurch auszeichnen, daß nach dem Erwischtwerden noch keine Welt zusammenbricht, sondern ein Bündel von Maßnahmen bewirken soll, Folgeschäden in möglichst geringem Ausmaß zu halten. Erleidet jemand das Martyrium der Erfahrung, daß schlichte Systeme nur bedingt Früchte tragen, so reift er als gebrandmarktes Kind zu der Erkenntnis, daß Zusatzstrategien vonnöten sind, um unbesorgt durch das Netz zu streifen. Die erweiterten Methoden können jedoch auch bedenkenlos ohne die elementaren verwendet werden, mit dem Unterschied, daß sie in diesem Fall nur einfache Sicherheit bieten.

LAMM-GOTTES-METHODE

Diese ist überaus verbreitet und kann auf dem gesamten Erdball verwendet werden. Eine fürstliche Ausrede, in der man sich selbst als Opferlamm präsentiert, kann bei brillanter Darstellung über das Nichtvorhandensein von Fahrscheinen hinwegtäuschen. Die größten Durchbrüche werden entweder durch engelhaftes Auftreten oder durch flinke, kluge Reden, die voller Geist und Mutterwitz sprühen, erzielt. Man habe fälschlicherweise angenommen, heute sei Tag der offenen Tür; man habe einen Fahrschein erwerben wollen, aber der Automat habe nur die Worte *Game over* ausgespuckt. In Verbindung mit einer 20 cm dicken Hornbrille kann man anführen, man habe Lesen überhaupt nicht mehr gelernt. Auch Äußerungen, welche die eigene Unfroheit über das Geschehene zum Inhalt haben, sind erfolgverheißend: „Ich habe das Menschenmögliche getan. Alleine ich fand keinen Entwerter!"

Befindet sich auf der Uniform ein Namensschild, kann die flehentliche Bitte: „Karl-Otto, erhöre mich", in Verbindung mit einem Kniefall, den Kontrollor weich wie Butter werden lassen. Sitzt jemand unmittelbar vor dem Automaten, kann er sich darauf ausreden, daß er den Kontrollor nicht habe kommen sehen. Gibt es außer dem kopernikanischen Weltbild noch anderes, was Kontrollorgan und Nichtzwicker verbindet, besteht für letzteren ein Schimmer Hoffnung.

Dem Dichter mag die Situationskomik in der Eile ein kleines Verslein entlocken, das, wenn der Kontrollor Schäferromatik mehr als nur ein Lächeln abgewinnen kann, Früchte trägt. Allerdings dürstet dem Fahrscheinprüfer in der Regel mehr nach der Wahrheit als nach schaurigen Geschichten. Der Kontrollor darf jedoch nicht allzusehr den Eindruck gewinnen, als gehe man von der Annahme aus, er sei nicht ganz dicht im Oberstübchen.

TANZ-AUF-DEM-VULKAN-METHODE

Diese Vorgangsweise mag etwas weniger prunkvoll sein als letztgenannte, hat aber durchaus ihre Daseinsberechtigung. Man versucht entweder durch Ausreden, die in ihrer Schwachsinnigkeit ihresgleichen suchen, oder in einer Mischung aus geistiger Trampelhaftigkeit und Hans-Wurst das Kontrollorgan in einen derartigen Grad von Verwirrung und geistiger Entgleisung zu stürzen, daß es von einer Strafe abläßt. Es werden nicht die Wortkargen sein, die Zuflucht zu dieser Methode suchen. Bei dicken Brillen kann bereits ein Auf-ihn-Zuschreiten mit den ehrerbietigen Worten „Grüß Gott, Herr Kanzler" einige Wirkung tun.

Allerdings läßt sich das Prüforgan nicht gerne durch den Kakao ziehen, weshalb diese Taktik nur dann zielführend ist, wenn ihm die Täuschung absolut unbemerkt bleibt oder er ein Kind des Dadaismus ist. Auch ein unverzagtes kurzes Statement aus wenigen Wörtern, wovon mehr als die Hälfte völlig unverständlich sind, wie etwa der Satz „In the way I don't know, what I must to talking with you" ist recht erfolgversprechend. Da die wenigsten Herren Kontrollore in der Semantik sattelfest sind, kann es Jahre dauern, ehe die ursprüngliche Bedeutung herausgekitzelt worden ist.

Die „ha go ma song"-Methode[45] hat ihre einstige Bedeutung nahezu völlig eingebüßt. Die hingestammelten Wortbrocken „Nix verstehen" in der unterschiedlichsten Akzentuierung von Niederbayrisch bis Kilivila[46] sind schon lange kein Freibrief mehr für die unentgeltliche Fortbewegung. Wird man erwischt, so ist es am erfolgversprechendsten, gegenüber dem Kontrollor den Eindruck zu erwecken, als ob man nur wenig auf dem Kasten hätte oder einer bekannten zivilen Verkehrssprache nicht mächtig sei. Allerdings sind – so könnte man annehmen – die Kontrollorgane auch nicht auf der Nudelsuppe dahergeschwommen, so daß für eine gelungene Darstellung sehr sicheres Auftreten sowie eine abgeschlossene Schauspielausbildung (etwa Reinhardt-Seminar) vorausgesetzt wird.

Eine Studentin, die sonnengebadet von der Zuckerinsel Kuba kommend, vom Flughafen heimwärts zieht, wird von einem Kontrollorgan nach ihrem Fahrschein befragt. Sie antwortet ihm in spanischer Sprache, wobei sie pikanterweise auf die Fragen zum richtigen Zeitpunkt die richtige Antwort bereithält. Geblendet von ihrem wuchtigen Rucksack und ihrem riesigen Sombrero, erkennt er die Täuschung nicht und unterläßt weitere bohrende Fragen. Der Lernbehelf der Wiener Linien für Kontrollore sieht einen Zahlungserlaß vor für den Fall, daß der Fahrgast der deutschen Sprache nicht mächtig ist, weshalb die Organe darauf abgerichtet sind, durch Frage-Antwort-Spiele jegliche Information über verborgene Deutschkenntnisse des blinden Passagiers herauszukitzeln.

---

45 Tibetisch für: „Ich verstehe nichts." Vgl. Goldstein 1983, 1214.
46 Austronesische Sprache, die etwa auf den Tobriand-Inseln gesprochen wird. Vgl. Schiefenhövel, Eibl-Eibesfeldt, Sein Schlüssel zur Verhaltensforschung, Andechs 1993, 60. Kaum Ähnlichkeit mit Amharisch.

Auch die Methode, nach dem Ertapptwerden dem Kontrollorgan einen falsche Namen und Adresse anzuführen, gibt es bereits seit Menschengedenken. Die Lehrmeister des Nichtzwickens geben die Empfehlung, bereits zu Hause im stillen Kämmerlein eine geeignete Adresse auswendig zu lernen, da in der Stunde des Schreckens niemals spontan eine parat ist. Inwieweit dieses Vorgehen erfolgsgekrönt ist, entscheidet die Glaubwürdigkeit der Adresse wesentlich mit:

Der Erfindungsgeist muß dahingehend geschult werden, daß der schöpferische Einfall keinen Stilbruch beinhaltet. Namengebungen wie Josepha Lin-Po-Tin oder Franz von Hinüber sind tickende Zeitbomben. Weitere Stolpersteine sind die Nennung des richtigen Bezirks zur angeführten Straße. Darüber hinaus muß bei Phantasienamen wie Olga Ludomrska auch die korrekte Buchstabierung mitgeliefert werden, auch dann, wenn das Organ aus purer Neugierde ein zweites Mal nachfrägt.

Zu guter Letzt soll die Verwendung von Namen bekannter, vor allem verstorbener Persönlichkeiten wie Bruno Kreisky, Bob Marley und Jack the Ripper vermieden werden, da sie zu risikobehaftet sind. Ebenso verhält es sich mit dem Anführen unrichtiger Adressen, aber korrekter Namen. Sind diese ersten Vorbedingungen gegeben, muß nun durch sanftmütiges Auftreten der Kontrollor dazu bewegt werden, daß er trotz fehlender Ausweispapiere kein Wachzimmer aufsucht. Ein peinlicher Zwischenfall kann dann geschehen, wenn urplötzlich der Ausweis doch auftaucht und sich herausstellt, daß man versehentlich einen falschen Namen und eine unrichtige Adresse angeführt hat.

Etwas weniger liebevoll geht es vonstatten, wenn sich das Organ erdreistet, nach einem Ausweis zu fragen und bei Nichtvorhandensein die Polizei aufzusuchen gedenkt. Ein Teil revidiert die gemachten Angaben großzügig, der andere weigert sich mitzugehen. Ähnelt man im Aussehen dem eines Freundes, der im glücklichen Vollbesitz einer Jahreskarte ist, so kann dessen Name und Adresse angeführt werden, der sich alsdann nach Erdberg begibt und die Karte vorzeigt.

Auch bei diesem Verfahren sind Sprachgewandtheit und Redebeflissenheit Vorbedingung für gutes Gelingen. Fällt der Tag des Erwischtwerdens mit dem eigenen Geburtstag zusammen, so kann durch einen formlosen Amnestieantrag der Kontrollor um Nachsicht gebeten werden. Man tut gut daran, bereits vor dem Ausstellen des Erlagscheines darauf zu sprechen zu kommen, da dieser nicht vernichtet werden darf. Bekanntermaßen handelt es sich um kein verbrieftes Recht, sondern um ein Entgegenkommen, das nur dann gezeigt wird, wenn man dabei nicht die dunkelsten Seiten seiner Seele zeigt.

Auch in der stillsten Zeit des Jahres, insbesondere am Heiligen Abend, kann mit rührseligen, weinerlichen, hochsentimentalen Festpredigten, deren Inhalte sich im wesentlichen auf „Heute ist Weihnachten" beschränken, einiges erreicht werden. Silvester geht bei Jahrtausendwenden gerade noch durch, Mariä Himmelfahrt, Halloween oder Krampus jedoch sind etwas zu alltäglich, als daß damit Großartiges erreicht werden könnte. Ramadan ist im Falle eines mohammedanischen Fahrscheinprüfers ebenfalls hoffnungsfroh. Nur der Satz „Ist nicht heute Ostern, zwinker, zwinker?" wird das Organ wohl kaum vor Rührung in Tränen ausbrechen lassen.

Nicht immer sind vorgetragene Wünsche nach Nikolausamnestie von Erfolg gekrönt, auch wenn die Intervention von höchster Stelle stammt. Zur Vorweihnachtszeit wird eine junge Frau von einem Prüforgan ohne Fahrschein angetroffen. Ein herzensguter Nikolaus, der die Szene beobachtet hat, schreitet huldvoll auf seinen Bruder zu und bittet ihn flehentlich: „Oh, großmütiger Kontrollor, der du mit großem Mitleid behaftet bist, strafe das sündhafte Mädchen nicht!" Dieser läßt sich trotz Intervention nicht beirren und läßt die Schwarzfahrerin zahlen; schließlich überreicht ihm der Gebenedeite Mandarinen und andere kleine Gaben und geht seines Weges.

Schwülstige Bittschriften oder Pamphlete an die Hochwohlgeborenen der Wiener Linien zu depeschieren, faxen oder e-mailen hat bei ausgefeilter Argumentation oder dramaturgischer Sachverhaltsdarstellung und einem Quentchen Glück gute Aussicht auf Erfolg. Es hat den Anschein, als ob Briefe an die Wiener Linien mit noch so dubiosen Sachverhaltsdarstellungen dennoch tendenziell eher positive Antwortbescheide erhalten.

Eine Studentin berichtet, sie habe in einem derartigen Ansuchen auf ihre klägliche finanzielle Situation hingewiesen, worauf die Schuldenlast unter der Bedingung erlassen wurde, wenn es innerhalb des nächsten halben Jahres keine weiteren Vorkommnisse dieser Art gäbe. Etwa einen Monat darauf wurde sie abermals erwischt, worauf sie sich erneut mit derselben Bitte an die Wiener Linien wendete und postwendend zum zweiten Mal denselben Bescheid erhielt. Eine Häufung ähnlicher Ereignisse läßt den Schluß zu, daß in Wien keinerlei Strafkartei angelegt wird. Anders in der Mozartstadt Salzburg, wo bei Antwortschreiben auf vorherige Verfehlungen Bezug genommen wird (vgl. Salzburger Nachrichten, 24. 2. 1995), da in diesem Fall die Argumentationslinie als einmaliger Ausrutscher in die Brüche geht.

Vorsicht: Man muß mit den übersandten Wünschen auf dem Boden der Realität wandeln; uns ist kein einziger Fall bekannt, wo der Leiter der Kontrollabteilung aus spontaner Rührung die Bittsteller mit einer Jahreskarte beschenkt hat. Auch das geduldige Antichambrieren vor den pompösen heiligen Hallen der Generaldirektoren oder ihnen Höflichkeitsbesuche abzustatten, ist zweckdienlich.

BRIEFTECHNIK

Dieses recht selten angewandte Vorgehen eignet sich alleiniglich für schwärmerische Naturen, die Kontrollorgane in ihrer Begeisterung mitreißen und in Bann zu ziehen vermögen. Dem Organ wird ein kunstvoll verzierter Liebesbrief, versehen mit in Schönschrift aufgemalten, schnulzigen Gedichten (Oh du mit deinem holden Mund –

tu mir deine Liebe kund!)[47] und einem frei erfundenen Absender und Empfänger gezeigt und ausgeführt, daß man im Begriff sei, das vorliegende Schriftstück an die Allerliebste zu senden. Der freischaffende Künstler mag Barockengeln zur weiteren Ausgestaltung des Schmuckblattes hinzufügen. Den romantischeren unter den Prüforganen wird man davon zu überzeugen vermögen, daß die Absenderadresse stimmt, sowie aus Mitfreude ihre Kontrollorsherzen höher schlagen lassen.

Verfinstern sich hingegen die Blicke des Gegenübers beim Wort *Liebesbrief*, so kann man die Geschichte leicht abändern, indem man auf die Tränendrüse drückt und anführt, es handle sich um ein Schreiben an die Verflossene, deren Liebe man rückzugewinnen trachte.

Die Anwender empfehlen, die Adresse gelegentlich auszutauschen.

DON'T-CASH-AND-RUN-METHODE

Das Vorgehen, beim ersten Auftreten von Schwierigkeiten die Flucht nach draußen anzutreten, kommt jedem in den Sinn, und doch zögern die meisten, diesen Gedanken zu verwirklichen.

Es sei uns gestattet, zuvörderst ein paar Betrachtungen über die neuere Geschichte dieser Vorgangsweise anzustellen. In der *Güldnen Ära* des Schwarzfahrens dürfen Kontrollorgane blinde Passagiere im Falle eines Fliehversuches nicht festhalten. Wien ist Insel der Seligen; Tausende pilgern in dieser Zeit zu diesem Mekka der Schwarzfahrt. Dazu eine ergreifende kleine Episode. Als junger Student wird O., ein gottbegnadeter Schwarzfahrer der ersten Stunde, von einem Organ ohne Fahrschein aufgefunden und nach seiner Adresse bzw. einem Ausweis angehalten. Seine Gegenfrage: „Was machen Sie, wenn ich jetzt wegrenne?" entgegnet dieser gelassen mit den Worten: „Rennen Sie nicht, gehen Sie!" Das gemütliche Wegschlendern galt in diesen Tagen in jedem Falle also als konfliktlösend. Man schnürte sein Ränzel und ging seines Weges.

Erst mit der gefürchteten Deutschwende anno Domini 1994 (s. o.), die eine gewagte Neuinterpretation der bestehenden Gesetze bringt,

---

47 Wird fälschlicherweise Friedrich Hebbel zugeschrieben.

welche nunmehr den Kapplern das Festhalten gestattet, beginnt der Pilgerstrom nach Wien allmählich zu versiegen.

Die Eckdaten bzw. Erfolgsquoten sind nichtsdestoweniger auch in heutiger Zeit sehr überzeugend. Zunächst stehen einige wesentliche Vorversuche auf dem Programm, um alle Möglichkeiten auszukosten und sicherzugehen, daß sich das zügige Hinausverschwinden nicht später als riesiger Flop herausstellt. Es ist günstig, zunächst bereits in der Tramway an allen möglichen Plätzen fiebernd nach einer Karte zu suchen, auch dann, wenn einem selbst das Ergebnis bereits klar ist. Dies kann in erster Linie Zeit gewinnen und in seltenen Fällen zum Erfolg führen.

Es wird jedem einleuchten, daß ein Wegsprinten nach dem bereits ausgefüllten Erlagschein bei richtiger Adreßangabe, gleichgültig in welcher Geschwindigkeit, einigermaßen zwecklos ist.

Läufer geben sich in der Öffentlichen noch als zahlungswillig, um bei der ersten Gelegenheit Lebewohl zu sagen. Die freundliche Ausgestaltung dieser Version besteht darin, sich zuerst beim Gesetzeswächter taktvoll zu verabschieden und ihm im Anschluß daran schonungsvoll beizubringen, daß an einer Zahlung kein wirkliches Interesse bestehe und man deshalb die Geschäftsfreundschaft abzubrechen gedenke. Die Großzügigkeit und der Großmut mancher kennt keine Grenzen, so daß sie sogar bereit sind, den Preis für den Fahrschein zu entrichten. K.: „Na oft gebe ich ihnen einen Zwanziger, sage, für die Fahrkarte, das zahle ich gerne." Damit verbunden ist ein Stillhalteabkommen, der Kappler läßt ihn ziehen, der Zwickverweigerer macht einen szenarisch ruhigen und bescheidenen Abgang.

Weitere wichtige Voruntersuchungen betreffen das Gegenüber; zunächst ist auf die körperliche Beschaffenheit zu achten und Laufeigenschaften abzuwägen, steht man einem Sportsmann entgegen, geht nix. Mit den trostspendenden Worten P.s: „Na ja, die sind meistens ein paar Jährchen älter und hundert Kilo schwerer als ich."

Je aussichtsloser die Finanzlage, um so höher ist die Motivation für den Flüchtenden und somit auch die erreichte Geschwindigkeit.

Wir unterscheiden drei verschiedene Lauftypen:

- *Der Sicherheitskurzstreckenläufer* betrachtet zunächst einmal die Kontrollore und prüft, ob sie ausreichend mit der Adreßaufnahme anderer Ertappter beschäftigt sind. In diesem Fall ist die Flucht am einfachsten, da dann nach einer kurzen Erklärung: „Tut mir leid, aber ich habe nicht soviel Zeit!" in gemächlichem Tempo weggegangen werden kann. Sind die Organe mutterseelenallein, wird pfeilgeschwind im Galopp die Flucht ergriffen. Wenn ausreichend Distanz geschaffen und gesichert ist, daß kein Einholversuch erfolgt, kann die Geschwindigkeit vom Laufen zum zügigen Gehen herabgesetzt werden.

- *Der Langstreckenläufer*, ein gut durchtrainierter Spitzenathlet, fegt in Hochgeschwindigkeit den rettenden Ausgängen zu, ohne auch im geringsten darauf zu achten, was hinter ihm geschieht. Dabei kann es freilich geschehen, daß auch wichtige Informationen, wie Kontrollorsrufe: „Hallo, Sie haben Ihre Brieftasche verloren", ungehört bleiben. Obgleich in diesem Fall ein Zurückschreiten mit den Worten „Hört, hört" angebracht wäre, folgt ein weiterer überstürzter Bahnsteigabgang. Da Ausweichen beim Irrwitz rasender Geschwindigkeiten völlig unmöglich ist, müssen oftmals ganze Personengruppen, die nicht von sich aus bereitwillig Platz machen, niedergemäht werden. Das gilt insbesondere für Kontrollorgane, die versucht sind, in einer Sackgasse dem Flüchtenden den Weg abzusperren. In derartigen Situationen nimmt K. einfach Schwung und rennt vorbei, „der wäre sowieso umgefallen!"
Den großen Meistern ist es ein leichtes, sich auch mit schweren Einkaufstaschen, einer 14bändigen in Schweinsleder gebundenen Meyers-Enzyklopädie, sieben Kindern gleichzeitig oder einem Alphorn zu verflüchtigen.
Erst an Orten, wo er sich in Sicherheit wähnt, kann sich der Flüchter eine Rast gönnen; jedoch auch in diesem Falle ist höchstes Gebot angezeigt. Als eine Schwarzfahrerin in der Not in einen Hauseingang entschwindet, nach einem viertelstündigen Aufenthalt annimmt, die Luft sei rein, und wieder herausspäht, stehen draußen bereits die Organe und versperren den Weg.

- *Die Schnellgeher* sind im wesentlichen gattungsgleich. Der einzige Unterschied besteht darin, daß Dauerläufer erkleckliche Schwierigkeiten damit haben, Hochgeschwindigkeiten zu erreichen, das Schneckentempo aber von Laxenburg bis Strebersdorf durchhalten.

Drei unterschiedliche Reaktionsweisen des Organs auf die Fluchtversuche sind bekannt:

Mehr als die Hälfte aller Fahrscheinprüfer startet nicht den leisesten Versuch, den in der Ferne entwischenden acht Schilling fünfzig (0,61 Euro) nachzueilen. Für den typischen Kontrollor gilt Gemütlichkeit als höchstes Gebot, so daß er nicht im Traum darauf kommt, sich aufs Glatteis einer Verfolgung zu begeben. Der Sonnyboy ist sich zu schade, als daß er mit einem Nachjagen wertvolle Kalorien verschleudert. Im kafkaesken Typ reift blitzschnell die Erkenntnis: „Er weilt nicht mehr unter uns." Wobei er dumm die Vorstellung nennt, ihm nachzuschleichen.

Begibt sich nun in seiner Gegenwart ein blinder Passagier auf die Flucht, bleibt er ungerührt wie festgenagelt am Platz stehen, nimmt keinerlei Notiz davon und vermittelt so den Gaffenden ringsherum, daß alles seine Richtigkeit habe und für ihn alles zu seiner vollsten Zufriedenheit verlaufen sei. Zur Wahrung des Scheins wird von manchen den Davonbrausenden noch nachgerufen, „Sie können gehen, Ihre Fahrkarte habe ich eh gesehen", um zu verhindern, in den Augen zahlreicher Mitfahrer das Gesicht zu verlieren. Hier bewahrheitet sich der Sinnspruch: Niemand ist so schlecht, daß er vor den anderen auch noch schlecht erscheinen will (zit. nach Simmel 1968, 273).

Lediglich bei den eifrigsten unter den Stadtwerkebediensteten kann es vorkommen, daß sie leicht wie ein Geißlein über die Station traben, um Flüchtern nachzustellen. Erweist sich der Versuch bereits nach Sekunden als aussichtslos, wird er umgehend abgebrochen. Gelingt es, sie zu ergreifen, fühlen manche bei der Umklammerung heftiges Unwohlsein und versuchen, sich durch Rütteln von dieser zu lösen.

Erreicht das Tempo des Wegschreitenden lediglich das eines sonntäglichen Wandersmannes, so kommt es auch dem Schleicher in den Sinn, ein Nachgehen in Erwägung zu ziehen. Bisweilen versuchen aufgepeitschte Verfolger etwaige Kollegen an strategisch günstigen Positionen für eine Mitarbeit anzustacheln, jedoch die gellenden Schreie „Peppi, hoid eam" sind für den Flüchtenden Warnung genug, den Weg nicht in Richtung Peppi fortzusetzen.

Die dritte Gattung von Fahrscheinprüfern ist versucht durch kleine Possen, wie mit schnippischen Rufen: „Die Polizei hamma eh scho angefunkt, Burschi", den Entwischenden bei Laune zu halten.

OPERATION MUSKELSPIEL

Diese nur überaus selten angewandte Methode besteht darin, den Prüfer in finsterster Mine anzusehen. Wird dies gleichzeitig von einem Dutzend Leuten ausgeführt, läßt sich der Prüfer durch diese Drohgebärden beirren und behindert die daraufhin durchgeführte Flucht in keinster Weise. Die Geschichte des P.: „Ich war als Jugendlicher viel in Gruppen unterwegs, was will ein Schwarzkappler machen, wenn wir zu zehnt oder zu fünfzehnt waren, vielleicht ein bißl aggressiv ausgeschaut haben, da haben sie auch drauf geschissen, weil es hätte sich für sie auch nicht rentiert!"

Anhänger dieser Vorgangsweise wissen, daß alleine mit einem netten Auftreten und einem gewinnenden Lächeln einiges erreicht werden kann. P. weiter: „Obwohl, mein Gott, es kommt letztendlich immer auf deine Bissigkeit an, wenn du ihn wirklich bös' anschaust, und wenn du das mit deiner Selbstsicherheit rüberbringen kannst, wird er auch nichts machen, wenn du wegrennst." Auch mit kurzen mitfühlenden Gesten kann einiges erreicht werden: „Dann habe ich ihm halt tief in die Augen geschaut, habe zu ihm gemeint: *Das ist alles beschissen heute* und bin gegangen."

Aber auch Anwender dieses Programms sind sich im klaren darüber, daß der Grat, auf dem sie wandeln, sehr schmal ist und Gegengewalt provoziert.

SCHWARZFAHRERVERSICHERUNGEN

Diese gemeinnützige Einrichtung ist ein rücklaufender Fonds, in den vom Schwarzfahrer monatlich ein festgelegter Beitrag eingezahlt wird, um bei einem Schadensfall die Mehrgebühren rückerstattet zu bekommen. Im Prinzip ist es jedem möglich, eine eigene Privatversicherung mit nur einem einzigen Einzahler aufzumachen, wenn auch in krisengeschüttelten Zeiten die Gefahr eines finanziellen Desasters besteht, bei dem zuerst Walkman und CD, später Computer und sämtliche Bücher veräußert werden müssen, um einen Privatkonkurs zu verhindern. Die Größe der Versicherung gewährleistet also eine gewisse Sicherheit.

Die Versicherung gleicht einem Härtefonds für in Not geratene Opfer der Wiener Wiener Linien. Der unzweifelhaft erkleckliche Vorzug dieser Herangehensweise besteht darin, daß man dem Kontrollor mit einem Lächeln freudestrahlend verkünden kann: „Macht nix. Zahlt eh meine Versicherung!"

Das System der gemeinnützigen Versicherung ist uralt. Die ersten gibt es in Wien bereits Ende der siebziger Jahre, als die Umstellung von bemannten auf unbemannte Waggons erfolgt. In dieser hoffnungsfrohen Gründerzeit ist die allgemeine Stimmungslage günstig für Neues. Der Geist des Aufbruchs durchwebt die Zeit. Die Biederen schuften, aber sind glücklich. Die anderen sind es auch, aber auf eine andere Art. Die in die Welt gesetzten Kinder in Gestalt neuer Systeme strotzen vor Gesundheit und Lebensfreude. Wer die Hintergründe kennt, wird verstehen, daß die ersten Vereinigungen ihrer Art in kürzester Zeit zu einem Publikumsrenner und Kassenmagnet werden. Die bekannteste unter ihnen ist ein halbprivater Zusammenschluß von gleichgesinnten Personen unter dem Namen: *Versicherung für unvorhergesehene Ausgaben im öffentlichen Verkehr.* Aufstieg und Fall sind jedoch ungewiß, da Informationen dazu spärlich gesät sind. Dennoch ist ein glorioser Anfang gesetzt, Tausende Nachahmer sollten folgen.

Ein Informant teilt uns dazu mit, bei ihm zu Hause gebe es eine innerfamiliäre, gemeinnützige Versicherung, die Familienmitgliedern großzügig unter die Arme greife, wenn es keinen Ausweg mehr aus einer Kontrollorsfalle gebe. Den Ehrenvorsitz habe seine Mutter übernommen.

Die größte öffentliche Versicherung wird im Dezember 1996 unter der Bezeichnung *Spendenkonto studentische Mobilität* als Zeichen des Protestes gegen die Streichung der Freifahrt für Studenten und Kürzungen im Sozialbereich errichtet. Was anfänglich ein kühner Sprung ins Ungewisse ist, entpuppt sich später als tragfähiges Unternehmen mit einem gesunden Kundenstock von monatlich 200 Personen.[48] Gegen eine monatliche Aufwendung von 110 Alpendollar wird, so die Versicherungsgesellschaft zwischenzeitlich nicht ihren Geist aushaucht bzw. Zahlungsfähigkeit herrscht, maximal einmal in dreißig Tagen das erhöhte Beförderungsentgelt rückerstattet. Deshalb wandeln die Versicherten nicht in tödlichem Leichtsinn umher und werden im Schnitt nur alle sechs Monate erwischt. Zusatzversicherungen, die auch nach dem ersten Zahlschein verständnisvoll nicken und, ohne mit der Wimper zu zucken, einer indirekten Subventionierung der Wiener Linien zustimmen, gibt es lediglich auf dem privaten Sektor.

Ein politisches Großbeben auf der Hochschülerschaft, das mit einem Wechsel des gesamten Finanzführungsstabes einhergeht, läutet nach nur drei Jahren das triste Ende dieser hoffnungsfrohen Branche ein.

Da die Rechnung auch für die Versicherung aufgeht, ist in Hinkunft mit Dutzenden von privaten Anbietern zur rechnen. Innerhalb kürzester Zeit entwickeln sich Schwarzfahrerversicherungen zu einem florierenden, schnell wachsenden Wirtschaftszweig. Rückversicherungen bei international anerkannten Versicherungsgesellschaften gegen Naturkatastrophen und Erdbeben ab Stufe neun sind nicht üblich.

Tüchtige Schwarzfahrer mit einer ausgewogenen positiven Wirtschaftsbilanz kommen gar nicht in die Versuchung, eine Versicherung abzuschließen. Für sie käme dieser Schritt einem Tolpatsch gleich, der bei einem Kaiserwetter mit Schirm herumtappt.

Großaktionen und Gegenstrategie

Bereits in den frühen Neunzigern haben die Beförderunsgesellschaften aufgrund der sinkenden Zahlungsbereitschaft neue Methoden ersonnen, die den Schwarzfahrern ein greuliches, grausiges Schicksal bescheren. Aufgrund der zahllosen Uniformierten, sowohl in dezentem Grün gehalten, als auch in blassem Blau, perlt so manchem der kalte Schweiß vom Gesicht. Ebendies darf jedoch in den saharahaftesten

48 Anfänglich wurden sogar Spitzenwerte von 250 Personen erreicht.

Sommern niemals geschehen. Zu unterscheiden sind die folgenden zwei Gattungen:

GROSSAKTION IN U-BAHNEN UND STRASSENBAHNEN

Zielvorgabe bei der Bekämpfung von Großaktionen ist es, bei U-Bahnstationen vorsichtig in Richtung des Abganges zu spähen, ob dort eine Massenansammlung[49] oder etwas Auflaufähnliches zu erblicken ist, was leicht daran erkenntlich ist, daß sämtliche Ausgänge verstopft sind, die aufgebrachte Menge einem brodelnden Kessel gleicht und der Aufenthalt und die nur zähflüssige Fortbewegung zunehmend zur Hölle werden. Dieser kleinwinzige Anflug von Unruhe ist ominöses Zeichen genug für bevorstehende, halsbrecherische Gefahr. Nur durch richtiges Handeln kann jetzt das Verderbnis noch abgewendet werden. Es gilt, sich den Fesseln der Menge zu entreißen, zügigst in Richtung einer in diesem Augenblick flehentlich ersehnten U-Bahnen in die Gegenrichtung zu eilen, dem äußeren Anschein nach in Ruhe und Gelassenheit, ohne daß die auch hier in großer Zahl postierten Kontrollore den Braten riechen.

Wer es tatsächlich schafft, die rettende Bahn zu erreichen, gelangt in einen Glückstaumel und denkt bei sich: „Es gibt noch Helden. Mich." Diejenigen, die sich in der Früherkennung geübt haben und in der Straßenbahn weilen, können noch rechtzeitig zwicken. Einmal aber im Sog der Menge gefangen, ist an Flucht nach vorne oder rückwärts nicht zu denken.

49 Bei unserem Modell bildet sich bei Überschreitung eines hier nicht näher genannten kritischen Wertes ein exorbitanter Rückstau, der erst nach Unterschreitung der kritischen Durchlaufmenge langsam wieder abklingt. In seinem Gepräge ähnelt der rasante Personenanstieg aufgrund von Hindernissen dem Rückstaueinfluß in Höhlensiphonen (vgl. Wimmer 1995, 6).

Diese im ersten Teil ausführlich beschriebene brandaktuelle, neu ersonnene Bekämpfungsmaßnahme der Wiener Linien ist für den fassungslosen Zwickverächter eine Falle ersten Ranges, bei denen ein gut Teil der besprochenen, erweiterten Methoden darniederliegt. Lediglich die Schwarzfahrerversicherung, die Lamm-Gottes-Methode sowie der Großteil der Elementarmethoden versprechen Linderung. Da jedoch unter den Kontrolloren auch ihr Vorgesetzter weilt, müssen den Ausreden in dramaturgischer Hinsicht zehntausendmal soviel Leben eingehaucht werden als gewöhnlich.

Sonderformen des Schwarzfahrens

Bei der Wahl spezifischer Verkehrsmittel oder der Mitnahme von Gerätschaften und Tieren muß eine Reihe von Angelegenheiten mitberücksichtigt werden.

NACHTBUSFAHRTEN

Das Vorgehen in den Autobussen, die nächtens durch die Stadt geistern, ist im wesentlichen deckungsgleich mit dem am Tag. Erfreulicherweise sind Organe wesentlich leichter auszumachen, da sie sich deutlich von den anderen Mitfahrern unterscheiden. Üblicherweise finden sich in den Bussen Herden von Schülern, Studierenden und Personen in volltrunkenem Zustand, die heimwärts torkeln, falls es ihnen noch gelingt.

Manche Buslenker empfinden die Unzahl von blinden Passagieren als Schande für die Transportgesellschaft, weshalb sie den Kontrolloren privat ein bißchen unter die Arme greifen, um die verlorenen Seelen auf den rechten Weg zu geleiten.

„Erst zwicken, sonst müßt ihr wieder aussteigen", plärrt der Fahrer des Nachtbusses mit dem freundlichen Wienerherz beim Einsteigen. „I bin scho 71, owa i siag no olles", krächzt ein an einem Stück Roulade memmelnder[50] Greis in weit fortgeschrittenem urgroßväterlichem Alter. Nachdem er beim Schaffner Erkundigungen über die Funktionsweise des Automaten eingezogen hat, hat er zunächst erhebliche Mühe, den Automaten überhaupt zu erspähen, wirft zweimal 50-Groschen-Münzen in den 10-Schilling-Schlitz, welche ihm dieser mit einem ohrenbetäubendem Tosen zurückschleudert, und erhält endlich einen Kinderfahrschein.

NICHTZWICKEN MIT FAHRRAD

Vor allem im Sommer stellt die Kombination Schwarzfahrt und Zweirad eine beliebte Freizeitbeschäftigung dar. Die U-Bahnen spenden kühle Schatten, eine angenehme Brise weht durchs Netz, die Hunde winseln schwermütig, zufriedene Gesichter allerorts. Von den vier möglichen Formen werden die im folgenden ausgeführten am häufigsten verwendet:

Zwicken mit Schwarzrad
Da vielen gar nicht bekannt ist, daß auch für den Drahtesel ein gültiger Fahrausweis erforderlich ist, hat sich dieses Vorgehen in Kürze zu einem Renner entwickelt. Der Erfolg gibt ihnen recht; in der Mehrheit der Fälle kommen sie lediglich mit einer schweren Verwarnung davon. Die genannten Probleme gibt es in der Donaumetropole nicht für Jahreskartenbesitzer, welche für die Beförderung keinen Fahrschein benötigen.

Nichtzwicken mit Weißrad
Diese Methodik kommt nur für Menschen in Betracht, die etwa nach einer Zechtour gerade soviel Groschen ihr eigen nennen, daß sie sich einen ermäßigten Fahrschein fürs Fahrrad leisten können.

50 Hartes Brot mit zahnlosen Kiefern kauen (vgl. Österreichisches Wörterbuch, Wien 1979, 249).

Schwarzradschwarzfahren
ist die bei weitem schwärzeste Form des Fortkommens im öffentlichen Verkehr. Die Mitnahme von Rädern mutet zwar als Kardinalproblem an, vermag aber methodisch bedeutsame Erleichterungen mit sich bringen. Wird man nämlich ertappt, so ist es ein leichtes, sich in Blitzesschnelle aus dem Staub zu machen, es sei denn, es handelt sich um ein Hochrad, das erst umständlich bestiegen werden muß. Dies macht das Fahrrad in der U-Bahn zu einem idealen Fortbewegungsmittel.

SCHWARZFAHRT MIT HUND

Es kann in derselben Weise vorgegangen werden wie bei anderen Methoden, mit dem einzigen Unterschied, daß die Mitnahme eines Zwergpudels die Flucht erheblich erschwert; demgegenüber haben ausgewachsene Dobermänner den Vorzug, daß sie den Zwickverächter mitschleifen können und durch Kläffen und Knurren die Hüter der guten Sitten in die Flucht schlagen können. Ebenso wie beim Transport von Koffern und Tierkäfigen kommt man in der Regel auch bei der Beförderung von Vierbeinern mit einer Verwarnung davon.

Nachwort, Ausblick

Viel Wasser ist die Donau oder die kleine Ranna – wenn man so will – heruntergeflossen, seit der Verfasser damit begonnen hat, diesen wichtigen Themenbereich zu untersuchen. Ein Aufsatz wie dieser ist natürlicherweise mit einigen Schwierigkeiten verbunden. Indessen haben sich eine Reihe von Änderungen ergeben, die alle mitberücksichtigt werden mußten.

Einige Themenbereiche konnten in nur sehr bescheidenem Ausmaß abgehandelt werden, andere waren zwar vorgesehen, wie etwa eine Beschreibung des Kontrollverhaltens gegenüber Obdachlosen, hätten aber den Rahmen gesprengt. Aus derselben Ursache konnten andere Untersuchungsergebnisse, die gleichsam als Nebenprodukt der Forschung anfielen, wie etwa das Sitz- und Gehverhalten der Fahrgäste in den U-Bahnen, nicht einmal gestreift werden.

Eine kurze Vorausschau wollen wir wagen. Bei Beibehaltung der derzeitigen Preisgebarung wird Schwarzfahren immer weiter fortbestehen. Je mehr die Fahrpreise gesenkt werden, um so weniger blinde Passagiere wird es jedoch geben. Bei Nulltarif wird es gar keine mehr geben.

Die Transportgesellschaften sind aufgerufen, zu handeln.

Bibliographie

Andreski, S., Die Hexenmeister der Sozialwissenschaften, München 1974.

Anwander, B., Unterirdisches Wien, Ein Führer in den Untergrund Wiens. Die Katakomben, der Dritte Mann und vieles mehr, Wien 1993.

Aschenborn, M., Schneider K., Das Gesetz über das Postwesen des Deutschen Reichs, Berlin 1928.

Bahrdt, H. P., Schlüsselbegriffe der Soziologie, Eine Einführung mit Lehrbeispielen, München 1987.

Becker, H. S., Außenseiter, Zur Soziologie abweichenden Verhaltens, Frankfurt 1981.

Berlyne, D. E., Conflicts, arousal and curiosity. In N. Garmezy et al. (Hg.), Series in Psychology, New York 1960.

Bickel P., Friedrich R., Was kostet uns die Mobilität? Externe Kosten des Verkehrs, Heidelberg 1995.

Blüthmann, H. (Hg.), Verkehrsinfarkt, Die mobile Gesellschaft vor dem Kollaps, Reinbek 1990.

Böltken, F. et al., Lebensqualität in neuen Städten, Planungskonzeption und Bürgerurteile, Göttingen 1978.

Borst, R., Das neue Gesicht der Städte, Theoretische Aufsätze und empirische Befunde aus der internationalen Debatte, Basel 1990.

Bosch, K., Statistik für Nichtstatistiker, Zufall oder Wahrscheinlichkeit, München 1990.

Canetti, E., Masse und Macht, Frankfurt 1980.

Ehn, M., Abweichende Lebensgeschichten, Sitzungsberichte der philosophischen historischen Klasse, Wien 1989.

Einfalt, A., Problemgruppen am Arbeitsmarkt, Von der Betreuung zur Beratung, Linz 1992.

Feest, J., Lautmann R. (Hg.) Die Polizei, Soziologische Studien und Forschungsberichte, Opladen 1971.

Flade, A., (Hg.), Mobilitätsverhalten, Bedingungen und Veränderungsmöglichkeiten aus umweltpsychologischer Sicht, Weinheim 1994.

Flörke, H. G., Krüniz's ökonomisch-technologische Encyklopädie, oder allgemeines System der Staats-, Stadt-, Haus- und Landwirtschaft, und der Kunstgeschichte, in alphabetischer Ordnung, 116.Teil, Berlin 1810.

Frauwallner, E., Geschichte der indischen Philosophie, Bd. 1, Die Philosophie des Veda und des Epos. Der Buddha und der Jina. Der Samkhya und das Klassische Yoga-System, Salzburg 1953.

Friedrichs, J. (Hg.), Teilnehmende Beobachutng abweichenden Verhaltens 1973.

Garfinkel, H., Studies in Ethnomethodology, Cambridge 1992.

Garz, D. (Hg.), Die Welt als Text, Frankfurt 1994.

Girtler, R., Vagabunden in der Großstadt, Teilnehmende Beobachtung in der Lebenswelt der „Sandler" Wiens, Stuttgart 1980.

Girtler, R., Methoden der qualitativen Sozialforschung, Wien 1992.

Girtler, R., Schmuggler, Von Grenzen und ihren Überwindern, Wien 1992.

Girtler, R., Randkulturen, Theorie der Unanständigkeit, Wien 1995.

Girtler, R. (Hg.), Die Letzten der Verbannten, Der Untergang der altösterreichischen Landler in Siebenbürgen/Rumänien, Wien 1997.

Girtler, R., Bösewichte, Strategien der Niedertracht, Wien 1999.

Goffman, E., Asylums, New York 1961.

Goffman, E., Behavior in Public Places, Notes on the Social Organization of Gatherings, New York 1966.

Goffman, E., Wir alle spielen Theater, Die Selbstdarstellung im Alltag, München 1983.

Goffman, E., Stigma, Über Techniken der Bewältigung beschädigter Identität, Frankfurt 1996.

Goldstein, M., Tibetan-English-Dictionary of Modern Tibetan, Kathmandu 1983.

Grimm, J. & W., Deutsches Wörterbuch, Leipzig 1889.

Hall, E. T., The Hidden Dimensions, New York 1966.

Häußermann, H, Siebel W., Neue Urbanität, Frankfurt 1987.

Heintz, Peter, Soziale Vorurteile, Ein Problem der Persönlichkeit, der Kultur und der Gesellschaft, Köln 1957.

Heinze, W., Die Fahrgeldhinterziehung als rechtliches und wirtschaftliches Problem im öffentlichen Personennahverkehr, untersucht am Beispiel des Schienenpersonennahverkehrs der Deutschen Bundesbahn unter Berücksichtigung seiner Beteiligung an Verkehrs- und Tarifverbünden, Forschungsbericht im Auftrag des BM f. Verkehr, Hamburg 1975.

Helle, H., Verstehende Soziologie und Theorie der Symbolischen Interaktion, Stuttgart 1977.

Homans, G. C., Theorie der sozialen Gruppe, Opladen 1960.

Homans, G. C., Elementarfomen sozialen Verhaltens, Köln 1968.

Hubmayr, G. (resp. Huba-Meir), Perc, Rudolfinger, Waldherr, Konjektaneen zu den speläologisch relevanten Objekten am Höherstein, Wien 1991.

Hubmayr, G., Die ewig dunklen Erdschlünde, Ihre Entdecker – Ihre Erforscher, Der Speläologe als zoon politikon, Stiglmayr Verlag, Föhrenau 1994.

Inst. f. Verkehrsplanung u. Verkehrstechnik TU Wien: Beiträge zur Verkehrsplanung, Seminar: Finanzierungsstrukturen im Verkehrswesen und ihre Auswirkungen, Wien 1989.

Kaufmann, A., Szücs I., Großstädtische Lebensweise, Teilbereicht über die bisherigen Untersuchungen zur großstädtischen Lebensweise in Wien, Wien 1972.

Kastl, H., Pieper M., Wahrnehmung der U-Bahn durch Amateurfotografie, Forschungspraktikum f. Soziologie a. d. Univ. Wien 1992.

Kludas, A., Geschichte der deutschen Passagierschiffahrt, Bd. 1, Hamburg 1986.

Köbler, G., Juristisches Wörterbuch: für Studium und Ausbildung, München 1997.

Lamnek, S., Qualitative Sozialforschung, Bd. 1, Weinheim 1988.

Lamnek, S., Qualitative Sozialforschung, Bd. 2, Methoden und Techniken, Weinheim 1993.

Langthaler, A., Individualreisende, zwischen „ins-sich-gekehrt" und „befreit", Diplomarbeit am Inst. f. Soziologie, Universität Wien, 1993.

Lemert, E., Some Aspects of a General Theory of Sociopathic Behavior, in: Proceedings of of the Pacific Sociological Society (State College of Washington Research Studies 1948), XVI, Nr. 1, 14–25.

Lipp, W., Stigma und Charisma, Über soziales Grenzverhalten, Berlin 1985.

Lindner, R., Die Entdeckung der Stadtkultur, Soziologie aus der Erfahrung der Reportage, Frankfurt 1990.

Lombroso, C., Der Verbrecher, Bd. 1, 1890.

Lüderssen, K., Sack F. (Hg.), Seminar: Abweichendes Verhalten II, Die gesellschaftliche Reaktion auf Kriminalität 1, Frankfurt 1975.

Lüderssen, K., Sack F. (Hg.), Seminar: Abweichendes Verhalten III, Die gesellschaftliche Reaktion auf Kriminalität 2, Frankfurt 1977.

Luhmann, N., Soziologie des Risikos, Berlin 1991.

Malinowski, B., Eine wissenschaftliche Theorie der Kultur, Frankfurt 1975.

Matthias, H.W., Darstellung des Postwesens in den Königlich Preußischen Staaten, Berlin 1812.

Matza, D., Abweichendes Verhalten, Untersuchung zur Genese abweichender Identität, Heidelberg 1973.

Meyers Lexikon, Mannheim 1977.

Novak, M., Hooligans und Skinheads, Wien 1994.

Nowotny, H., Eigenzeit, Entstehung und Strukturuierung eines Zeitgefühls, Frankfurt 1989.

Patterson, M. L., Nonverbal Behavior, A Functional Perspective, New York 1983.

Postman, N., Das Technopol, Die Macht der Technologien und die Entmündigung der Gesellschaft, Frankfurt 1992.

Prisching, M., Soziologie, Themen – Theorien – Perspektiven, Wien 1995.

Radkowetz, R., Die Strafbarkeit des Schwarzfahrens mit einer überklebten Umweltstreifenkarte (ZVR 1991/147), Diplomarbeit an der Universität Innsbruck 1993.

Richter, R., Soziologische Paradigmen, Eine Einführung in klassische und moderne Konzepte von Gesellschaft, Wien 1997.

Risser, R., Kommunikation und Kultur des Straßenverkehrs, Wien 1988.

Risser, R., Straßenverkehr und Lebensqualität, Wien 1990.

Sack, F., König R. (Hg.), Kriminalsoziologie, Frankfurt 1968.

Schiefenhövel, W., Eibl-Eibesfeldt, Sein Schlüssel zur Verhaltensforschung, Andechs 1993.

Schwartz, S. H., Bilsky W., Toward a Theory of the Universal Content and Structures of Values. Extentions and Cross-cultural Replications, Journal of Personality and Social Psychology, 58, 878–891.

Silbermann, A., Von der Kunst der Arschkriecherei, Berlin 1997.

Simmel, G., Soziologie, Untersuchungen über die Formen der Vergesellschaftung, Darmstadt 1968.

Soeffner, H. G., Die Ordnung der Rituale, Die Auslegung des Alltags 2, Frankfurt 1995.

Sozialdata, Einschätzungen zur Mobilität in Wien, Wien 1993.

Stangl, W., Wege in eine gefängnislose Gesellschaft. Über Verstaatlichung und Entstaatlichung der Strafjustiz, Wien 1988.

Steinert, H. (Hg.), Symbolische Interaktion, Arbeiten zu einer reflexiven Soziologie, Stuttgart 1973.

Stockhammer, G., Die Angst beim Seilbahnfahren, Eine empirische Untersuchung, Dipl.-Arbeit an der Univ. Innsbruck, 1992.

Strauss, A. L., Spiegel und Masken, Die Suche nach Identität, Frankfurt 1968.

Sykes, G., Matza, Techniken der Neutralisation, 1957.

Van Gennep, A., Übergangsriten (Les rites de passage), Frankfurt 1986.

Waldhör, T., Ist die räumliche Verteilung der Mortilitätsrate in Österreich zufällig? Wien 1991.

Waldhoer, T., Haidinger G., Schober E., Comparison of r-squared Measures for Poisson Regression by Simulation, Int. J. Epid. Biostat., 1998, Nr. 3, p. 209–215.

WE Kriminalpolitikforschung (Hg.), Schwarzfahren, Arbeitstagung an der Universität Bremen, 3. Juni 1994, Bremen 1995.

Wimmer, M., Bericht über hydrographische und karsthydrologische Beobachtungen in der Rettenbachhöhle, Mitt. d. Landesvereins für Höhlenkunde in OÖ, 1995/1.

Wilhelm, R., I Ging, Text und Materialien, aus dem Chinesischen übersetzt von Richard Wilhelm, München 1995.

Zwitzers, H., Der blinde Passagier, Göttingen 1896.

Index

bóhlau Wien neu

Roland Girtler
Bösewichte
Strategien der Niedertracht
1999. 288 S. 15 SW-Abb. Geb.
ISBN 3-205-99089-7

Weltgeschichte wird weitgehend durch Bösewichte
bestimmt. So die Diagnose des bekannten Kultur-
wissenschafters Roland Girtler. Niedertracht ist ein
fester Bestandteil des Alltags. Die „guten Menschen"
brauchen Bösewichte, um selbst als umso besser
dazustehen. Die Strategien der Niedertracht können
vielfältig sein. Sie reichen von Demütigung, Verrat,
Kompromittierung des anderen bis zu subtilen Formen,
seinen vermeintlichen Konkurrenten zu besiegen.
Ebenso weitgestreut sind die Bereiche, in denen
Niedertracht zutage tritt: in der Familie, im Freundes-
und Kollegenkreis, in der Wissenschaft und Politik –
mit einem Wort, niemand ist davor gefeit. Ein ideales
Buch also für Feinde und für alle jene, die ihre Kunst
der Niedertracht verfeinern wollen.

bóhlau Wien

Erhältlich in Ihrer Buchhandlung!